新興的廈門（外一種）

茅樂楠・編撰

同文書庫・廈門文獻系列 第五輯

柒

厦门大学出版社
XIAMEN UNIVERSITY PRESS
国家一级出版社
全国百佳图书出版单位

图书在版编目（CIP）数据

新兴的厦门：外一种 / 茅乐楠编撰. -- 厦门：厦门大学出版社，2022.12
（同文书库. 厦门文献系列. 第五辑）
ISBN 978-7-5615-8759-1

Ⅰ. ①新… Ⅱ. ①茅… Ⅲ. ①厦门—概况 Ⅳ. ①K925.73

中国版本图书馆CIP数据核字(2022)第183808号

出 版 人 郑文礼
责任编辑 薛鹏志　章木良
封面设计 李嘉彬
技术编辑 朱　楷

出版发行 厦门大学出版社
社　　址 厦门市软件园二期望海路39号
邮政编码 361008
总 编 办 0592-2182177　0592-2181253(传真)
营销中心 0592-2184458　0592-2181365
网　　址 http://www.xmupress.com
邮　　箱 xmupress@126.com
印　　刷 厦门集大印刷有限公司

开本 787 mm×1 092 mm　1/16
印张 12
插页 3
字数 170 千字
版次 2022 年 12 月第 1 版
印次 2022 年 12 月第 1 次印刷
定价 136.00 元

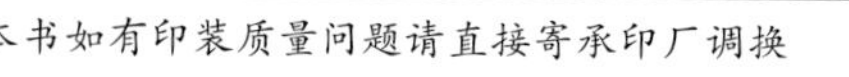

厦门大学出版社
微信二维码

厦门大学出版社
微博二维码

目錄

厦門述略……陳秉璋著述　一三九

前言

一、茅樂楠編撰《新興的厦門》

二十世紀初年，在東南亞華僑的推動下，厦門口岸興起了現代化城市建設的熱潮。一九二〇年，厦門成立了市政會，組建了厦門市政局，負責規劃設計和施工。據一九二九年五月出版的《厦市工程概況》介紹：到了一九二八年，已建成中華路、民國路、大學路、思明北路、思明南路、思明東路、厦禾路、公園北路、公園南路、公園東路、公園西路等十八條長短不一的馬路，还有中山路、大同路、碧山路等五條在建的馬路。公共建設方面，第一、第二、第三市場和自來水設施、避風塢等已經建成使用，中山公園也基本上竣工。隨著嶄新的城市的興起，現代的工商業、金融業和文化教育事業，也在此蓬勃發展。

於是，一批全面介紹新厦門的讀物應運而生。這一批讀物有《厦門指南》（一九三一）、《厦門工商業大觀》（一九三二）、《新興的厦門》（一九三四）、《最新厦門快覽》（一九三六）、《新厦門指南》（一九四〇），抗戰勝利後，又有《厦門大觀》（一九四七）、《厦門市商會復員周年紀念刊》（一九四七）等。

一九三一年陳佩真、蘇警予、謝雲聲編著，厦門新民書社出版的《厦門指南》，應該是二十世紀二十至三十年代厦門最早的城市介紹性讀物之一。該書由緒論、地理（包括沿革、形勢、列嶼、租界、街道與民居、馬路、新區、名勝、古跡、土產、氣候、人口等）、行政法規、禮俗（包括宗教、歲時、婚嫁以及方言等）、公共事業（包括學校、醫院、五大市場、公廁、救火隊等）、交通（含郵政、電報、輪船、車船等）、食宿遊覽、實業、專門技術和附錄等十篇組成。其後，厦門所有的同類讀物，或次序有變化，或内容有增減，大體上都遵照這種體例結構寫成。其中唯獨一九三四年厦門大學教育學院沙縣籍的學生茅樂楠所編撰的《新興的厦門》，時間上雖與《厦門指南》等讀物略為相近，但其立意和内容，甚至表述形式均有所不同。

編撰者茅樂楠在自序中寫道，在此之前的這類讀物，一、在某些資料方面『無實際測量』，而是根據舊志，多不精確；二、城市發展迅速，『年來報章雜誌，雖有記載這新興都市的文字，但大都是斷片的局部的敘述，比較記載詳細的，僅有張佩真等編的《厦門指南》一書。該書搜羅雖廣，而所記多係瑣屑之事。……一般人看了，對於厦門的認識，似嫌少有深刻的印象』。三、厦門的地理位置，在國防、外交和對外貿易等方面，具有重要性。九一八事變後，日寇加緊對厦門的窺伺，『加以籍民的繁多，浪人的擾亂治安，在在都足以增加厦門危險性的深刻化和尖銳化』。所以必須『居安思危』，為當局提供防患於未然的思想準備。

根據編撰者自述的這三點編輯動機，讀完以後即可明白他筆下的這部書，不是一般商業性質的導覽讀物或資料書，而是切中時務的略近地方志性質的著作。這就是它與其他讀物截然不同的特色。

《新興的厦門》共分四章。第一章『緒言』的第一節即『對日地位上的重要』，看得出編撰者的用心良苦。他在簡單介紹厦門作為口岸、貿易港的歷史之後，大聲疾呼：『假若中日戰事，一旦爆發，日本的兵艦只要二小時，便可直到厦門。故厦門對日外交上之重要，實是不容忽視的。』歷史不幸被編撰者言中，四年後的五月十三日，日本侵略者果然明火執仗攻陷厦門。第二節厦門『歷史上的光榮』，謳歌了明末鄭成功據厦門抗清、復臺的豐功偉績。第三節『中國對外殖民的關係』，實際上敘述的是以厦門為樞紐的對外移民史。第四節為『開埠以來的革新』。一九一九年以前，『厦門街市，都是崎嶇不平，曲折而狹窄』，『兩旁屋簷亦可相接，街道用石鋪砌，高下不平。交通器具，只有肩輿。各街都有垃圾穢物，擲棄路旁；小販雜攤，擁塞兩边。路政不修，衛生不講，空氣惡劣』，『故外人常稱厦門是世界上最污穢的都市』。在此之後，尤其是一九二六年後的幾年，厦門『道路曲折如蟻巢的，現在都開填平坦，洋樓高矗雲霄，街道都成直線，以言公共遊息所，則有中山公園、虎園等；以言公共娛樂場，則有思明、中華、開明……戲院及去年落成的新世界；以言教育，則有幼稚園、小學、中學及大學；以言交通，陸路有廣平的街道、闊大的馬路，水路東北溯上海、天津，西南達香港、南洋；以言商業，則商店萬間，櫛比如鱗。故從任何方面看來，現在之厦門已披上文明都市的外衣』。這一節，正是《新興的厦門》所要表現的主題。

第二章和第三章，是這部書的基本內容所在。第二章曰『厦門的地理』，包括：一、沿革及位置；二、面積；三、人口；四、地勢；五、氣候；六、厦門港；七、市街；八、租借地［所謂英租界（海後灘）、公共租界（鼓浪嶼）］；九、名勝；十、附近嶼列。第三章曰『厦門的人文』，包括：一、貿易；二、商業；三、金融；四、交通；五、教育（主要介紹厦門大學）；六、民俗。

這兩章的許多章節，與《厦門指南》及其後的一些導覽類讀物看似有點雷同，其實並不一樣。編撰者在採擷許多中外文資料的基礎上，又得到厦門地方眾多知情學者，還有直接參與城市建設的人士的幫助，所以《新興的厦門》一書表述略似提綱挈領，但其所載的內容卻比其他同類讀物學術性強，翔實可靠，此其特點之一。這些从書中的清單和所提供的資料，都可以得到印證。

《新興的西南》在介紹厦門的地理、人文的同時，幾無泛泛之談，而是側重於對當時社會所關注的問題，加以客觀的分析和比較正面的引導。此其特點之二。如該書第二章有『租借地』一節，其中『英租界——厦門海後灘』和『公共租界——鼓浪嶼』這兩個近代西方列強侵奪我國主權的『傷疤』，在中國人民反帝反封建鬥爭的浪潮中，越來越成為社會的聚焦點。《新興的厦門》以相對比較大的篇章，來介紹『租借地』。在『英租界——厦門海後灘』一節裏，編撰者著重指出，英租界的形成完全沒有法理上的依據，而是英國人利用太古洋行的占地，以護僑為藉口，由鼓浪嶼工部局派巡捕看守而形成的。其後甚至派兵登陸，築牆守衛。可能限於篇幅，編撰者沒有進一步提及一九二一至一九二二年厦門市各界抗爭、保全海後灘這一波瀾壯闊的鬥爭與收回租界、取得勝利的過程，成為本書稍有遺憾之處。

『公共租界——鼓浪嶼』這一節記述了該島的概況，同時簡單介紹它被辟為公共租界後二十多年來發生的變化：『近年來，對於建築和衛生，尤特別注意。屋宇大都高樓大厦，道路莫不平坦清潔，任你在道上行走總很少見有污穢的東西遺置路上，比起從前厦門穢氣難聞的市街來，確有天淵之別。』

然而，編撰者筆鋒一轉，馬上透過這些表面現象，以不爭的事實真相揭露『公共租界』的本質，如其被迫『主動』劃定的經過；列強的『領袖領事』如何把持董事公會、控制工部局的勾當；以及會審公堂如何受制於『治外法權』的干擾等等，回看鼓浪嶼的這一切，編撰者認為，『說來真是使人痛心！它明明是中國的領土，我們不但沒有行使的自由，而且把我們的主權限制了，剝奪了；明明是我們的地界，不但我們住在該處的人民有時要受到無理的干涉，連代表我們國家的軍人，也不許他們通過其境地』，這不是『國中之國』是什麼？編撰者作為當時人的這些體會，有助於我們對鼓浪嶼這個近代國際社區的進一步認識。

《新興的厦門》這部書在介紹『厦門的人文』時，不都全部予以溢美之詞，而是客觀地指出其不足之處，充分體現新興城市的氣度。此其特點之三。比如說到厦門的民俗，免不了要讚揚厦門人勤儉耐勞，以及具有強悍和冒險的精神，急公好義的品行，但這部書還是對厦門人的喜養義兒假子、多畜婢女、托庇外籍（以加入外國籍民為榮）、大姓霸佔碼頭和重男輕女等陋俗，提出不客氣的批評。

本書的第四章提出了『厦門的重要問題』，舉凡有：一、收回鼓浪嶼公共租界問題；二、國防上的問題；三、處理籍民的問題；四、交通上的問題；五、工業化的問題。這些問題顯然有部分已不是厦門作為一個城市能夠解決的，但作為問題提出來，總歸是必要的。

本書卷前有孫貴定、鄭德坤、杜佐周、鐘魯齋、吳家鎮等厦門大學教授作的序。鄭德坤教授在序言裏稱讚厦門市在『七八年當中，把一個落後的、污穢的、各種惡勢力盤踞著的厦門改新了』，證明中華民族有不斷接收新文化的能力。作為鼓浪嶼人，他認為『厦門改新之後，鼓浪嶼早已失掉他重要的地位』，公共租界遲早是要收回的。

本書編撰者茅樂楠（一九〇七—一九四三），字遠揚，沙縣人，一九三一年入厦門大學教育學系就讀，一九三五年畢業留校，任厦門大學教育系助教兼實驗小學校長。一九三九年離開厦門，到福建省立師範學校任教，後任省教育廳視導員。

二、陳秉璋撰《厦門述略》

本冊除《新興的厦門》，還收入陳秉璋撰《厦門述略》（權作厦門鄉土教科書用）。《厦門述略》，據編著者自敘其宗旨，乃是『欲兒童知厦門地理、歷史、古蹟、風物，並風俗美惡，應興革之方針』，是一本『宜於國民四年（按：相當於今之初中）或高小一二年之用』的鄉土教材課本。這本教材，言簡意賅，以歷史為經，事物為緯，涵蓋厦門的地理、歷史、古蹟、風物以及當前的教育、商貿、科學工業、郊區農事和社會問題等，為二十三課。後附修身養性、待人接物和從政為國的格言十一課，總共三十四課，體現教與育並舉的傳統觀念。它是迄今為止所見的第一部為青少年提供閱讀的地方鄉土教材。

這些文章儘管文字簡略，但都切合實際，不事空談。如第十九課為厦門商務，通篇自揭短板，披露自軍閥混戰以來，厦門『凡錢莊、珠寶、洋郊、北郊、茶行、藥行、棉紗、疋頭、什貨、五穀、乾味等途，皆形疲敝，市肆蕭條，入不供出。揣厥原因，一為漳泉內地搶劫截途，交通不便；二為海關及雜捐徵收太濫；三為幣制複雜，不能流通，兼之銀角真偽難分，銅圓升降靡定』。提到厦門民風不淳，亦復如是，教材抨擊當時的社會『鄒魯雅化蕩然無存，人心之暴戾，莫怪煙寮日增、賭場日盛、匪膽日張、盜風日熾，且洋酒紙煙之相尚，婚姻喪葬之奢華，丁此國家貧弱，內外交困之秋，通商口岸教化如此淩夷，風俗如斯頹敗，若不急為挽回，匪特為外人所譏笑，恐終為外人作殖民地矣』。

編著者限於當時的認知水準，教材裏面出現了一些錯誤，舉其大者如第十二課將鄭成功起師抗清，誤為『鄭成功父子起而兼併之』，並將鄭成功復臺的原因，說成是『李率泰帥師來攻，成功因其將吴材、羅士鈐等投降，力不能支，遂遁臺灣』（第十課）。更加離奇的是『三藩之亂』時，『成功同其子經復乘間西渡而來鳩集人民，再修城垣，設立街市貿易之肆』。今之對此，只能姑妄讀之。

不過，這本鄉土教材仍有不少可讀的史料，如第八課敘述石泉巖廢圮後，『全歸白鹿洞僧一手收用，致被日籍僧人名天品，就此二口之泉水盜賣，並此山寺幾被籍民占去。經思明縣王震豐出為交涉劃清，而省議員黄廷元乃邀前商會總理林爾嘉同出貲公同贖回，存案於思明縣，以永作該寺祀業』。又如第十四課之『玉屏改為官立中學校，有王藹堂捐資萬兩充之。任孝廉周殿修為之長。繼有孝廉方正陳瑋出為創辦公立中學附設競存小學，又有陳友志、黄翰卿創辦公立小學（今之崇實）』等，以及第十六課列舉孫印川、雷一鳴、陳振元、陳金芳、陳桂琛、莊希泉、馬僑如、柯孝灶、李雙輝和周殿薰等的興資辦學，皆是很有價值的教育史料。

至若第十七課提到廈門『土地多任其荒蕪，海灘多棄為無用，何哉？原其故，蓋由於上無農政，而下無農學，致農業窳敗，禾民多相率出洋以謀生，僅存小數者，罔知向外採其佳種，與夫土宜肥料灌溉培養之改良。幸而年來陳嘉庚創辦水產學校於集美，與廈門一水相望，漁業已望振興』。此又結合實際解決問題，已超出鄉土教材的功能了。

《厦門述略》另附格言十一課，分别是『學問』『持躬』『存養』『攝生』『敦品』『處事』『接物』『居家』『從政』『惠古』『悖凶』，望其名即知為『修齊治平』一類的説教，作為傳統國學的輔助讀物也未嘗不可。

《厦門述略》的編著者陳秉璋，厦門同安人，清末歲貢生。一九二四年八月，此書由厦門五高崎頂街倍文印書館印行。

歲次壬寅五月上澣，何丙仲記於雲頂岩麓之一燈精舍

新興的廈門

余謇署

作者肖像

孫序

廈門一個海島，面積不過三十九方哩，人口不過二十六萬光景。但在中外交通的歷史上商業上國防上，都佔極重要的地位，凡關心我國南部史地以及對外貿易的人們，對於這個地方，亟須加以積極的注意與研究，方致不爲思想的落伍者。自不必說。但在這一方面，向來最大的遺憾，便是中文參考資料的缺乏；本地人士對於廈門作一番精密之調查的，可謂絕無僅有，外省人到過廈門而得到相當的認識的更屬少見，例如我回到上海去，常遇見有些人雖號稱受過教育，但對於廈門，誤會特多，出乎意想之外：如或以謂廈門終年氣候炎熱不堪，全不知道廈門亦有寒冷的冬季，更不知道暑天反比上海涼快，平均相差法氏十度之多。或以謂廈門是在福建大陸上沿海的一部分，竟不知道牠是一個海島。此外我在京滬一帶，又常遇見很多人 或根据種種傳聞所及，或拘泥本人

序

十數年前在厦門所得的印象，都以謂厦門是全世界最汚穢的都市，全不知道最近幾年來厦門市政發達，有一日千里之勢，不但在市區中心，有繁盛的商店銀行，整潔而平坦的道路，爲上海南市所不及；並且有極宏莊的公園，極美麗的天然風景。

厦大教育學院同學茅君樂楠，原籍福建沙縣，僑居厦門多年，素喜研究牠的風土人情掌故，且對於地方上最近的進步狀況，尤爲特別注意，今年他更利用暑假的閑暇，親自一番實地的調查，將所得的結果，編成『新興的厦門』一書，其內容包含地勢氣候貿易各級教育狀況以及民間的風俗等等；可謂扼要詳盡，極便于居家旅行隨時參考之用，我今可預料『新興的厦門』一經出版後，各地人士對於厦門都能得到準確的印象，可靠的事實的報告，再不致發生上面所例舉的種種之誤會。一切誤解消釋之後，不但厦門的名譽，可以日增光榮，厦門的工商業，廈門的文化，因都能引起全國人士的注意而直接間接促進其發展，這樣看去『新興的廈門』一書，實有很大的價值，今當將近付印的時候，我就個人感想所及，拉雜作此短序，以當介紹。

民國二十三年八月二十日無錫孫貴定序于廈門大學教育學院

鄭序

我相信中國的問題要中國民族自己來解決，我更相信中國民族有自己解決的能力。四千多年的歷史已證明中國民族有這種能力，他們不斷的接收新文化，很穩固的進步着。中國目前的狀況好像落後極了，處處呈露着紊亂的現象。清末以來，內亂，外患，天災，那一天是太平日子？但是經過這苦痛的時間，中國民族處處在維新，在奮鬥，在建設新文化。新興的廈門便是個很好的例子。

七八年當中，把一個落後的，汚穢的，各種惡勢力盤據着的廈門改新了，這不是個偉大的事跡嗎？誰說中國民族是退化的？廈大同學茅樂楠君，在這小册裏，簡單地把廈門新興的事跡寫出來，讓我們知道廈門近年來的進步，這是他的貢獻！

茅君最後所提的幾個問題，我相信在最近的將來，都可以解决。譬如收回鼓浪嶼，不久準可以實現的。廈門改新之後，鼓浪嶼早已失掉牠重要的地位。論居住，鼓浪嶼比廈門貴，何止三倍？論治安，廈門有搶案，有綁票，有籍民，鼓浪嶼或者來的更凶，連巡捕也遭殃。論游玩，據工部局的報告書，鼓浪嶼有六個公園，可是大的比不上廈門中山公園的足球場，小的沒有網球場一半大。論交通，廈門堤岸造成功，碼頭林立，鼓浪嶼當局，相形見拙之下，才大提高稅率，開始修築第一個碼頭，論平民的生活，在廈門要受種種的拘束，在鼓浪嶼，小販經過洋大人門前，誰敢高聲叫賣；小學生學吹號，洋大人竟擊槍警告：這都是鼓浪嶼的家常便飯，鼓浪嶼不收回成麼？我們讓我們的同胞在這種情形底下生活，已經三十幾年了！我相信中國政治一上軌道，這些問題，便不解而自解。

維新是困難的，改革要受種種的損失，唯有團結，有計劃的奮鬥，才可以成功。

民國二十三年八月二十日，爲茅君所著新興的廈門作序，並與同胞共勉之。

鄭德坤序於廈大

杜序

廈門爲一海島，位於國之東南；與日屬台灣遙遙相對，誠一極重要之海港也。以如此重要之海港，若在他國，必將經營不遺餘力；但在我國，不特國防建設毫無成績，即一般社會狀況之簡約紀載，亦付缺如。此實不特是一可惜之事，且亦是一可恥之事！今茅樂楠君有鑒及此，特將半日調查所得，編成新興的廈門一書；無論地勢，氣候，風俗習慣，貿易，教育，以及國防上重要情形，均有詳細之敘述。其有貢獻於廈門之研究也，自不待言。倘因此而引起國人對於國防問題之注意，則其功尤足多者矣。余佩其志，故謹爲之略序數言，以資介紹於國人。

杜佐周

民國三年，八月，二十二日。

鍾序

廈大教育學院同學茅樂楠君，將其兼教僑南女子中學中國地理所採集的材料，編著「新興的廈門」。稿成後，蒙賜一閱，且囑我作序。現在試寫幾句，作個介紹。

我在廈門大學任教了三年．對於廈門的實況，還不甚明瞭。囘想從前遊歷，由美而歐更經過印度新嘉坡呂宋等地，每到一繁盛的都市，必買該地的指南。帶囘國後，存積家中，變爲一種很可寶貴的出版物。有時翻閱一遍，覺得從前的舊經驗，仍一一復現於腦。正欲找廈門指南一本，以增我關於廈門的常識，而茅君的著作，就於此時脫稿。真使我覺得非常的愉快！料想這書出版後，不特可爲遊客的指南，卽對於各界人士都有很大的用處。教育家，可用來觀察廈門的教育現況。商家，可用來考查廈門的金融和商情。歷史家，地理家，可用爲一種參考的資料。政府要人，可用來觀察廈門的外交問題。中小學生，可用來作一種進學的指導。社會學家，可用來探訪廈門的民俗。寥寥三萬餘言，敘述能扼其要，對於廈門的常識，甚有貢獻。

本書共分四章：第一章緒言，敘述廈門對日地位上的重要、歷史的光榮。中國對外殖民的關係、開埠以來的革新。第二三章，敘述廈門的地理和人文。第四章討論廈門的重要問題。茅君是一好學之士，愛國青年，舉筆時常注意着廈門的籍民問題，國防問題，這是本書的特色，不是普通指南一類的書，可以比擬的。望讀者特別留意！

鍾魯齋序于門廈大學教育院學

吳序

予嘗游歷歐美各國，初至其地，必購求指南一冊，以爲游覽名勝，採風問俗之用，已至便而且利；而各書肆及學者，又復覃精竭智，發刊某地專刊・或圖表之類，以爲參證稽鈎之需，誠意美而法良。顧吾國則大反是・游客每至一地，幾如身投異域；因語言之扞格，錢幣之混亂，街衢之綜錯，市儈之舞弄，關禁之搜查，已足使人神昏意亂，心驚胆戰　以無指南之引導，圖表之參閱，更足使人陷於迷津，走入歧路。唐人云：「蜀道之難，難於上青天」，其我國旅行之謂乎！

予歸自法蘭西，僑居舊都者約十餘年；已同其俗而化其習，視爲第二故鄉矣。復有八閩之行，既至廈門，初苦其方言之難通，非丏舌人，彼此莫通情愫居半年如是，居一年亦如是，甚乎莊嶽之間，不可期也！偶欲驅車出游，或則購物市上，因無圖表之可按，往往迷離撲朔，東西罔辨；至於問俗問禁之事，更無能為力矣。邇者東鄰之刺探我國山川險阻也，或則扮作商人，或則冒稱僧道，窮鄉僻壤，靡不有其足跡。其報告我國政治經濟也，或用專書記載，或用電報傳達，廊廟帷幄，無不有其心影。鎖封已啓，蓋藏奚用？藩籬既撤，堂奥何恃？我之失諸東北數百萬里，不損一兵；彼之得諸東北數百萬里，不費一矢。一轉瞬間，河山依舊，人物皆非，可不痛哉！可不懼哉！

本校教育學院同學茅樂楠君，平昔研究教育，頗為熱心，一篤志好學之士也。今鼓其餘勇，編撰『新興的廈門』一書：事既竣，授家鎮而讀之。喜其於史蹟，名勝，教育，商業……諸端，記載詳盡，論斷亦極確當；執是書以窺廈門之現狀固可也，執是書以謀廈門之建設更可也。雖然，茅君因愛鄉之念以愛其國，對於僑民之行動改進，尤三致意。傳曰：『皮之不存，毛將安附』，人孰能不愛其國？詩云：「維桑與梓，必恭敬止」，人孰能不愛其鄉？一千六百萬閩人之中，未必再無鄭成功其人。果能披甲執堅，斬將搴旗，紓政府南顧之憂，紹前賢南進之舉，則茅君斯著之宏願，當不虛矣。閩人其有意乎？不禁日夕馨香禱祝之矣！

吳家鎮序於廈門大學春蠶室

民國二十三年八月

自序

我寫這本小冊子的動機，是從兼教廈門私立僑南女子初級中學中國地理來的，該科課本係採用龍文張國維所編，世界書局出版。當我教到第二冊第七十三頁「中山計劃的三等港－思明－鼓浪嶼的公共租界」的時候，發現下面一段記載：「……鼓浪嶼周圍，不過三里……」，這點我實在懷疑。據我遊跡所及，覺得書中所載和實際不大符合：且查閱陳鐸編中國模範地圖，所說亦是三里（其實周圍係三英里，約合華里九里），又廈門島周圍為三十六里，然實際亦不止此（周圍係二十四英里，約合華里五十二里）。書本和地圖所載相同，想係根据廈門志而來。但前人無實際測量，所有里數多係臆測，往往同一路程，不是言之過多卽是言之過少，其不精確，自不待言。為避免以訛傳訛起見，乃草此冊藉以改正之，這是作者第一個的目的。

廈門四面環海，交通便利，自南京條約開放爲五口之一以來，已成爲南部海上的要港，近接漳泉扼各屬的咽喉，遠通津滬汕港各埠，南洋尤視爲轉運之區。十餘年來的努力建設，其進步的迅速，真是令人驚嘆！年來報章雜誌，雖有記載這新興都市的文字，但大都是斷片的局部的敘述，比較記載詳細的，僅有陳佩真等編的「廈門指南」一書。該書蒐羅雖廣，而所記多係瑣屑之事，而地勢氣候民俗等等，該書均未提及。一般人看了，對於廈門的認識，似嫌少有深刻的印象。這本小冊子雖是提綱挈領，但關於這新興都市的各方面，都作有系統的略加論評，俾國中及本省人士得深一層的認識，以謀發展，這是作者第二個的目的。

廈門是我國部南沿海要港之一，在國防上，外交上，及對外貿易上，都佔重要的位置。洎自「九一八」瀋陽事變發生，東北四省淪於敵手，「一二八」上海事變暴發，我國之商業中心燬於一旦。廈門與台相隔一水，尤爲敵人垂涎三尺觀，其邇來遊歷境內，測繪港灣地圖，放言租借廈門，召開對岸會議，凡此種種，都是敵人野心暴露的最好暗示。加以籍民的繁多，浪人的擾亂治安，在在都足以增加廈門危險性的深刻化和尖銳化，若不防患於未然，恐怕這個絕好的海島，將不復爲我所有，所謂「一失足成千古恨」，豈不可怕嗎？深望我政府及廈門當局，對此未來的危險，「早爲之所，勿使滋蔓，蔓難圖也」。這是作者第三個的目的。

這本小册子，引用中外書籍頗多。中文方面，如陳佩真等編的廈門指南，周凱等編的廈門志，星洲日報社的星洲日報四周年紀念刊……西文方面，如椿木義一著的支那經濟情形，東亞同文會編的支那省別誌第十四卷福建省，及"In and about Amoy"……其他雜誌繁多，不能一一詳舉，均應在此申明，並表謝意！又蒙雙十商業中學校長黃其華，僑南女中校長黃寶玉，前廈市工務局祕書蘇逸雲，測量員賴翔于，供給我許多有價值的材料；稿成又蒙本院院長孫貴定吾師鄭德坤杜佐周鍾魯齋吳家鎮余謇各代閱過一遍，加以不少指正，並蒙孫鄭杜鍾吳諸師作序，余師題字，吳禮東先生代畫封面，均表十三分的誠懇感謝！又蒙廈門良友圖書公司主人陳真正先生代爲義務發售，更表十三分的誠懇感謝！還有贄友邱繼仁兄，幫忙不少，亦附此道謝！

沙縣茅樂楠誌於廈門大學囊螢樓

民國二十三年八月孔子生辰紀念日

新興的廈門

第一章　緒言

第一節　對日地位上的重要

廈門是清道光二十二(一八四二)年中英鴉片戰爭之後，依南京條約開放五口通商之一。牠是中國一個最古的貿易港，附近的泉州(即今晉江縣)在明朝的初葉，幾握中國對外貿易權的全部，但以後貿易之實權漸漸移到廈門。馴至今日，廈門已成爲福建沿海商埠中占最重要位置的一個商港。談到廈門對外關係最密邇的要稱是日本。自甲午(一八九四)一役，台灣被奪，于是台廈一水相望，彼此關係，更加逼近了。由廈門至台南的安平，僅一百四十七浬；其距台北的淡水，也不過二百二十浬。日人自得台島後，藉地勢之利，謀我益亟，近且以之爲南進政策的根据地，觀其與我所訂「福建不得割讓與他國」之約文，其野心已可想見。前年「九一八」瀋陽事變，東北四省又淪敵手，廈門與日實逼處此，此後當更岌岌可危，假若中日戰事，一旦爆發，日本的兵艦只要二小時，便可直到廈門，故廈門對日外交上之重要，實是不容忽視的。

第二節　歷史上的光榮

在中國歷史上看來，廈門也有光榮而不可湮沒的價值。按廈門之有歷史記載，自南宋(一一二六—一二七八)始。當時此地不過是海中一蕞爾荒島罷了。一二七六年冬，南宋諸王公因避蒙古人的窮追，自杭州南奔泉州廈門，廈島東面的五通，就是當年他們登岸的所在。自一三四五年後之二百年間，廈門常爲倭寇所蹂躪，且爲沿海海盜麕集之淵藪。到明朝末葉，此彈丸小地，才爲國人所注意，當時曾一度變成政治的中心。一六二七年，鄭成功佔領廈門與淸廷抗衡，成功造八千艘的戰船，擁八十萬的雄師，扼守金廈兩島，與清軍苦戰幾十年，曾于一六六〇年，在高崎附近大敗清師。嗣後復率戰船四百，兵士三萬五千，東征台灣，驅逐荷人，在台南創立鄭氏三世之偉業，廈門是鄭氏事業成功的根据地，是應在歷史上佔有光榮之一頁的。

第三節　中國對外殖民的關係

廈門在中國對外殖民上看來，也居重要的位置。閩粤人之殖民南洋，始于晉唐時代，至明清而極盛。往往征服土人，略地稱王。如明洪武時，粤人梁道明之稱王三佛齊（今在荷屬蘇門答臘南端）；永樂時，粤人王順塔之稱王爪哇；福建泉州人林阿鳳（即所謂李馬奔），亦于此時率武裝航船六十二艘，水陸兵各二千，婦女五百名，進取菲律濱，惜被西班牙人打敗；又有泉州人李道乾，稱王勃泥（即今婆羅州）。前清初年，也還有鄭昭經略緬甸，羅方伯佔据南巴哇

(現屬荷)，集來佔領柔佛(現屬英)，真可謂極一時之盛了。然至十五世紀以還，西班牙人葡萄牙人聯袂東來据有其地，取而代之；其後英荷法德諸國，更接踵而至，遂競逐于是土，政治之權才被奪去。當他們初到之時，闢草萊，斬荊棘，華路襤褸，舉凡大都市莫非我僑民所經營，即窮鄉僻壤也有我僑民之足跡。商農工礦，各種實業，多在華僑掌握之中，隱操經濟之實權。所以南洋之土語有說：『南洋之都市，乃中國人之都市也。』再觀其對祖國之貢獻，在平時則有巨萬之匯欵輸入，足爲彌補我國對外貿易每年入超損失之助；若遇國內發生重大之變故，更能一致聲援，每收良效。而中國革命之產生，華僑尤爲其基礎。海外華僑的數目，据十八年僑務委員會之調查，總數已達一千一百萬人以上。而南洋一帶之華僑，已達七百二十萬人。其中如菲律濱全島，馬來亞半島的新嘉坡，檳榔嶼，爪哇的泗水三寶瓏等地之華僑，百分之八十都是廈門一帶的人。

第四節　開埠以來的革新

廈門自開埠以後，外人來此貿易者日衆，但當時廈門街市，都是崎嶇不平，曲折而狹窄；就是所謂繁盛之處，兩旁屋簷亦可相接，街道用石鋪砌，高下不平。交通器具，僅有肩輿。各街都有垃圾穢物，擲棄路旁；小販雜攤，擁塞兩邊。路政不修，衛生不講，空氣惡劣，每當盛夏瘟疫流行，人民罹疾死亡的不計其數，故外人常稱廈門是世界上最汚穢的都市。廈門市政，在民國八年以前依然如故，民八以後，始漸改良。特別是在民十五後的幾年，市政的進展，更加迅速。以前地面不平的，住屋狹小不通空氣的，街道曲折如蟻巢的，現在都開塡平坦，洋樓高矗雲霄，街道都成直線。以言公共遊息所，則有中山公園虎園等；以言公共娛樂場，則有思明中華開明……戲院及去年落成的新世界；

以言教育，則有幼稚園，小學中學及大學；以言交通，陸路有廣平的街道，闊大的馬路；水路東北溯上海天津，西南達香港南洋；以言商業，則商店萬橺，櫛比如鱗。故從任何方面看來，現在之廈門已披上了文明都市的外衣。以前被視為「世界上最汚穢的都市」稱呼，如今已成歷史上的名詞了。

第二章　廈門的地理

第一節　沿革及位置

廈門在宋為嘉禾嶼，屬泉州同安縣，以產嘉禾得名。距縣城六十里，水程七十里。元因之，立千戶所。明為中左所，隸福建指揮使司。明太祖二十年，命江夏侯周德興建城（今城已拆毀）于此，號稱廈門城。清以泉州府同知分防廈門，又以興泉永道駐此。民國元年，廈人舉代表赴省，建議設縣，是年四月改縣。旋升思明府，二年府制廢，仍設縣治。二十一年二月，省府通過廈市設市稱思明市，本年四月又奉令取銷。

其位置在我國的東南部，東濱台灣海峽，南與廣東相毗鄰，西接漳泉，北連福州。東經一百十八度，北緯二十四度。東北以圍頭角爲界，西南以鎮海角爲界，金門大担列嶼諸島橫列海口，爲廈門重要的屛障。

第二節　面積

廈島面積究有多少，以前無詳細的測量。廈門志所載，周圍尚不及七十里，實不可靠。据最近廈門市工務局測量的結果，廈島全部面積爲三十九方英里，周圍二十四英里。

第三節　人口

廈島人口，舊志所載，男女各共一十四萬四千八百九十三人。其中男的占八萬二千二百二十九人，女的占六萬一千六百六十四人。這是清道光十二年所查，距今已歷百年。不但土著生產日蕃，即他縣及外省人士遷寓於此的，亦日見增加。茲將(民國十七年至二十二年)五年來廈市人口增加比較於左：

年份	十八年			十九年			二十年			二十一年			二十二年		
	男	女	戶	男	女	戶	男	女	戶	男	女	戶	男	女	戶
前年數	84.368	65.548	25.132	85.159	69.208	25.898	91.828	73.136	28.089	93.111	73.269	28.407	176.164		30.507
增加數	791	3.660	766	6.669	3.948	2.191	1.283	113	318	9.764		2.100	3 000		200
本年數	85.159	69.208	25.898	91.828	73.156	28 089	93.111	73.269	28.407			30.507			30.707
統計	154.369			164 984			166.380			176 164			179.164		

採自廈門市政籌備處彙刊

上表中，五年內共增二萬九千二百二十八人，每年平均增加五千八百四十五人；又五年內共增五千五百八十五戶，每年平均增加一千一百一十七人。男性占百分之五十九弱，女性占百分之四十三强。此外禾山人口，据本年七月二十五日華僑報載，經禾山辦事處調查的結果，全禾計十九社，合共爲一萬一千四百零二戶，約三萬五千餘人；鼓浪嶼人口，五萬二千人。厦島與鼓浪嶼人口，合計爲二十六萬六千餘人。

至於外人僑居廈門的爲數雖然不多，也値得我們在此提及。據公安局十九年的調查，外人居留廈門及市民入外籍的，其數目約如左表：

國別		美	英	日	法	西	葡
人數	男	6	1	38	1	9	1
	女	11	18	67	1	9	6
總數		17	19	105	2	18	7
籍民		38	79	3.248	62	36	94

採自廈門警政年鑑

觀上表，可知居留廈門的外國人，以日本爲最多，英葡法次之，美西又次之。其他如德丹荷比諸國人亦有留居廈門的，但爲數甚少。到本年四月十日江聲報載，其數目如左表：

國別		美	英	日	法	西	葡
人數	男	25	90	112	8	3	4
	女	33	35	107	2	2	2
	嬰孩	54	25	110	5		4
	總數	112	150	329	15	5	10
籍民		96		9,556	131	55	284

根據上表，知最近（由十九年至二十三年）五年間外人和其籍民，都增加很快。尤其是日本人由一百零五人增至三百二十九人，較十九年增加三分之二；

其籍民由三千二百四十八人增至九千五百五十六人，亦較十九年增加三分之二。其增加的迅速令人不寒而慄！又五月一日江聲報載，據有根據之調查，廈門的台灣人，為數已達六萬。通常大家都以為居留廈門的，以福州人為最多（數約四萬），令則台人實已超過之，豈不更可怕嗎？他們藉了日本人的勢力，簡直是無惡不作，廈門整個市面的治安，竟給他們破壞無餘（參閱拙寫「日籍人治下的廈門」華年三卷八期），便形成了日籍人統治廈門之局面。以小部份人的勢力，竟統治了大部份的人，真好比古代的希臘，以百分之五的戰勝民族，統治百分之九十五的奴隸，這是多麼令人痛心的一回事啊！

第四節　地勢

廈島地勢，東北西三面都是山岳，其餘的部分也都是邱陵；惟有西南一角，接近內港處，稍有一帶平坦的地方，就是商埠的所在地。廈市地勢三面瀕海，獨東面皆山。自太平岩分三支：西南行者爲澳嶺，高一百六十五尺，止于蓼花溪。西行者爲洪濟山，高三百五十尺，近市諸山以此爲最高。再西爲碧山峯，高三百十二尺；更分二支：北迤爲虎溪岩白鹿洞的所在地；西迤爲鎭南山，高一百八十六尺，其下有鎭南關，稍過則爲麒麟山，南麓伸入廈門港，和鎭南山碧山澳嶺相環抱，市街列其中，是思明縣署及法院的所在（其地自成一部，僅藉南關一路和內街通）。北出至靑墓口，折而西經靈應殿同文書院廣東公會等處，忽起忽伏；一面瀕海一面沿小走馬路大走馬路五崎頂，而至石埕街竹仔街一路漸低，和鎭南山北麓的石獅街橋亭霞溪仔通；中隔以甕菜湖。自虎溪西北行爲靜山，高九十四尺，自此越靜山頭街石路街入思明縣城，至西北門外，復起數峯：有魁星山，高七十五尺，和蓼花山及自禾山來的美頭山妙釋山互相拱立，中成龍船河魁星河荷菴河鹽草河諸浸。更有數溪流經其間，匯斗涵頭，出篔簹港，而溪底淤積下游居民不免稍受水患，這是廈市區內地勢的大概狀況。

第五節　氣候

廈門氣候，在于中國南部，可說是得居溫和。特別是在鼓浪嶼一島，雖在盛夏也不感得熱。卽在廈市住屋繁密，空氣最壞之地，夏天氣候超過九十度是稀少的事，但在冬天也沒有低到五十五度以下．在廈門住居的人，從不受過嚴寒和酷暑的苦，冬天結冰，更是罕見，有之不過在一二兩月中間．時有些微霜罷了。廈門島右邊的一隅，在任何方面市街近高山之地，比起中國大陸特有的寒暑差異，的確是別有天地。雨期是從四月到六月，此時地上濕潤尤甚。又每年從二月到四月是濃霧之時期，航海業務頗受障碍。從七月到十月便是颱風時期，此時呂宋地方發生低氣壓，每年總有一二次颱風經過台灣海峽，航行很是危險。同時在廈門地方，也受稀微的影响，所以常有風暴來襲，傷害人畜和建築物等的事。

過這時期，到次年二月時候，東北風繼續不止，故古來台灣海峽是航海業者所最恐怕的，特別是橫斷全東台灣之一條路，時時發現大風和怒濤相戰，更被視爲最艱險的航線。卽現在改用汽船航海，也往往因此脫班遲到、從廈門到台灣的一條航路中，船隻雖取沿海近岸行駛，但受風浪障碍，常常不能如期到達目的地。玆將廈海關的報告，每月最高和最低溫度(華氏)列之如下：

月份	最高	最低	月份	最高	最低
一月	七十三	四十二	二月	六十五	四十一
三月	七十三	四十三	四月	七十七	四十九
五月	八十四	五十九	六月	八十九	六十八

七月	九十二	七十一	八月	九十三	七十三
九月	九十二	七十八	十月	八十九	七十
十一月	八十三	六十一	十二月	七十二	四十七

第六節　廈門港

廈門港是位于廈門島的西南端，和鼓浪嶼相對，此處是輪船絕好的停泊地點。廈鼓兩島當中係從巖石構成，小丘起伏，特別是在廈門島市面的後面，連着稍高的山脈，西面隔海數十丈和大陸相對。港的三面圍以陸地，廈門島和鼓浪嶼之間的是內港，介在鼓浪嶼廈島和南太武之間的是外港。內港無論在何種暴風時，港內浪靜如故，所以便于碇泊；外港能防西南風，但因潮水起落很大，不大便于碇泊。

內港相隔最廣部分為二千七百呎，最狹部分為二千零二十五呎。在中央部分水深達六十呎以上，港口較淺處尙在三十呎以上。外港的北口，是在廈門島之北端。在高岬和對岸潯尾灣之間，廣達一千五百米突，水深部分狹少，僅容小帆船的通行，本島南端的東口和仔尾岬間，水度很深港口廣大，可容大汽船之出入。如上所述，以灣內水深，雖在內港內碼頭、大船也得停留。沿海碼頭，計分三種：停泊大汽船的有四個，停泊小汽的有六個，停泊電艇舢舨船的有十六個。

第七節　市街

廈門市位在島的西南隅。在民國十六年以前，其面積不過三千七百萬方英尺（即一・三三方英里）；現在因塡海築堤的結果，已拓展至五千七百萬餘方英尺（約二方英里）。以前市街不潔，住屋又多，空氣惡濁，每爲中外人士所詬病。民國八年，乃成立市政會，創辦市政，首闢開元路，這是廈市馬路的權輿。

繼塡築廈禾路。十四年，開闢中山大同思明南北路等五大幹線，至現在止，市內路名已達七十四。路面建築或用瀝青，或用洋灰，或用沙泥，或取馬加頓式，淸潔而美觀。現在鷺江道沿岸，是各國會社輪船公司洋行銀行及汽船碼頭的所在地，是全市金融貨物的中心點。最繁盛的市街，當推中山大同開元中華鎭邦街……等處。廈門港爲全市漁業的集散地，廈門電燈廠卽在牠的附近。

第八節　租借地

(一)所謂英租界——廈門海後灘

海後灘爲英國租界地，在條約上毫無根據。前淸末季，外交失敗，事事退讓，英人以太古洋行位置該處，乃藉稱保護英國僑商，由鼓浪嶼工部局派捕，在太古洋行設崗守望。當時地方官吏，懾於外勢，不敢與爭，結果這塊地皮無形中是英國人的了。從此以後，海後灘遂儼然爲英國租界地。民國十二年，臧致乎據廈，英政府竟派水兵登陸，築牆守衛。後由中國政府向他交涉，卒以條約無根據，英政府始撤退水兵巡捕，並照納中國官廳地租，由我國官廳自行派警守望，因該地既非租界，所以英政府遂作正式交還手續。但所謂交還的，不過是一種官樣文章，實際上還是在他掌握中。

（2）公共租界——鼓浪嶼

鼓浪嶼，位在廈市之西海中，地勢稍像鷄蛋形，東西相距二千八百呎，南北相距六千七百呎。全島面積為〇・六四方英里，周圍約三英里。境內無連綿山脈，僅有幾個互為獨立的山石。鼓浪洞天在南部，高二百八十七呎；昇旗山在東南，高一百七十六呎；鷄母石在鼓浪洞天之西，高二百二十九呎；旗仔山高二百十呎；筆架山居嶼之中央，高一百七十呎。氣候全為海洋性，一年首尾二季，相差不很多；在冬天溫度從未曾降到華氏三十度下，夏天總不滿上百度，因此夏天一到，附近的外人往往跑到那兒去避暑。交通方面，和廈門相距僅二千零二十五呎的海面，坐舢舨三十分鐘便可來回一次。卽到泉州漳州或內地，也是朝發暮至。牠是一個小島，向為國人所忽視，幾十年前，還不過是「上有小山，居民，田園，村舍」而已。自從清光緒二十八（一九〇二）年依鼓浪嶼公共地界章程闢為公共租界之后，經過三十多年的經營，乃有今日的盛況。近年來，對於建築和衞生，尤特別注意。屋宇大都高樓大廈，道路莫不平坦清潔，任你在道上行走總很少見有汚穢的東西遺置路上，比起從前廈門穢氣難聞的市街來，確有天淵之別。無論內地匪共鬧得怎樣兇，內戰打得怎樣烈，牠呢，在洋大人羽翼掩護之下　總是平平靖靖的，住在那裏有如身在桃源，因此一般人都錫以閩南樂土的美號！

鼓浪嶼闢為公共租界，是始自清光緒二十八年，上面已經說過，但牠何以會開做公共租界呢？說來真是痛心！據廈門一般的耆老說是自從日人到了廈門經營日本租界以後，屢屢威嚇和壓廹附近的居民，並且任意擴張租界的範圍：當時地方官吏畏之如虎，不敢和他干涉。住民因不堪日人的壓迫，不得已乃羣起反抗，遂和日人擊鬥；甚至連婦女也出而帮助，有擊以掃帚的，有塗以屎尿等穢物的，於是日人嚇而敗走，連同日本領事也泅水而逃。可是日本帝國主義者不肯干休，認爲侵略的機會已到，便馬上派兵遣艦來廈，命其陸戰隊上陸，將廈門和鼓浪嶼一起佔領。其他的外國人，看了日本如此的猖獗，恐怕廈門鼓浪嶼兩地變爲台灣第二，同時他們都請他們本國的政府，大派戰艦，來廈示威。因爲帝國主義者，素抱利益均沾政策，自然不讓日人獨享其利，于是出而干涉。當時外國兵先到的是德國，遂把佔領廈鼓的日兵，如驅魚入網似的逐其離開佔領地，廈鼓因此得以安全。當外人到京請以鼓浪嶼爲公共租界時，光緒皇帝曾問把鼓浪嶼有多少大，距離廈門有多少里，座間有一人起而答道：「鼓浪嶼周圍不過三里，距廈門有五十里之遠」（據說當時是由廈島東北的五通算起，其實由廈市的水仙宮到鼓浪嶼的龍頭，最短距離僅二千零二十五呎）。皇帝以地方既小，而距離廈門又遠，遂把鼓浪嶼雙手獻與外國人作爲公共租界地。如果那囘答的人是諳於廈鼓地理的話，光緒皇帝諒不至於輕易讓人吧？！書既批准，乃由當地官吏，與英美德法日等七國領事簽定。各國領事，乃設立工部局，中國外交部設會審公廳，辦理地方行政及司法事宜。

行政方面，有董事公會和工部局兩機關。（一）董事公會，可以說是意思機關，董事不是選舉的，只要具有一千元以上的財產和每年完納五百元以上的稅捐的洋人，便可以做董事公會的董事。開會期間在每年的正月，且由「是年之領袖領事傳知界內有關的租業戶，並知會廈門道台委派妥當紳董之一二人」。

開會時係由「是年之領袖領事主會」。牠的職權，依章程第一條規定，爲「核對該局前年支發賬目，推舉值年局員，並將是局中公費以及該局照例應爲各項之事，酌議訂定」。公會爲每年的常會，此外沒有特會。依該章程的規定，如有特別事情，得由一二領事的發起或是租戶十人聯名的請求，可以開特別會，但須經到會租戶三份之二的允許，和過半數領事的承認。(二)工部局，其組織在章程第四條規定「局中辦事之洋員五六位，華人一二位，共以九位爲限。此五位洋人，係公會時經有關之人拈鬮推舉！此幾位華人，係廈門道台派委殷實妥當之人。共此九人應接辦公事，至次年常會接辦之員舉定，方可交卸」。這裏我們要知道的，就是工部局的董事，現在和從前原定時不同，依原定董事，華人二人，洋人六人，共爲七人。後來一直到了民國十四年，廈門各界曾經一次作大規模的修改章程運動，那時經領袖領事英人許立德開領團會議，結果建議於北京公使團，自動的將華董由一人增加至三人，經使團核准後，自民國十六年起，工部局董事會華董即爲三人，而洋董由六人減爲四人，仍共爲七人。至工部局之職權，簡單的說，是無限的抱攬一切的，因爲牠是鼓浪嶼的惟一行政機關。依該章程第二項之規定「界內應設立工部局，專理界內應辦的事宜」更具體說，凡是「工部局供役上下人等如巡捕員丁等。工部局可以派委僱倩」，「倘有人不肯照付章程所規定各項捐稅及不遵繳規例內犯衆之款，准由工部局赴各管衙門控告」，和界內現在馬路頭墓亭以及工部局之地址房產等，均由工部局掌管。

司法方面，有會審公堂和特別領事公堂二機關。（一）會審公堂，依章程第十二條規定「界內中國查照上海成案（卽同治七年上海洋涇濱設官會審章程）設立會審公堂一所，派委歷練專員駐理所屬有書差人等以資辦公」。該專員的產生方法，「應由廈門道暨福建全省洋務總局札委」，牠的權限，只能辦理「界內中國人民被控干犯捕務章程之案」，和「界內錢債房屋等項涉訟」而已。在這兩種形情，涉訴當事人的兩造，必須都爲中國人；若涉及洋人或被洋人所僱倩的中國人，那就不同了。所以在同條之規定「凡案涉及洋人（無論原告或被告）無論小節之案，或有罪名之案，均由該領事自來，或派員會同公堂委員審問」。審判的時候，倘「會審之員和該堂承審之員意見不同，以至不能了案之時，其案可以上控」，此後由廈門道台會同該領事再行提審」。同條又說：「凡案內人證，有現受洋人僱倩及住洋人寓處以內者，傳拘票簽先期送由該領事簽字，方准奉往傳拘……華民僅受洋人僱倩而被傳時，並不住在洋人寓處以內者，票簽不用先送領事官；但應於是日將傳票送領事官披閱」。在此我們要注意的，即凡是受洋人所僱倩並住在洋人寓所的中國人，如因罪證，法庭要拘捕或傳喚時，須預先請該領事簽字，蒙其許可之後，方可拘捕；否則，如領事不肯簽字時，雖是罪大惡極，也無奈他何！更奇怪的，就是並住在洋人寓所以外而僅被洋人僱倩之中國人，拘傳時也須同樣于是日把簽票送與該領事披閱，該領事可以簽字也可以把他核銷。這麼一來，領事的權力，超過法院之上，可以隨時侵犯中國法權的行使，流弊之大，不可言喻。（二）特別領事公堂，爲非常設之機關，依該章程第八條規定「此堂（卽特別領事公堂）係每年由各國領事派定」。有事時，然後由是年各國領事所派定的領事開庭辦理，無事時，只有閉門大吉，牠所處理的事務：第一「遇有增築以上各項（卽指界內馬路碼頭和工部局地址房産等項）另需地段之處，准由工部局與該業戶議價購置。如管業之人不肯受賣，而工部局又係因公起見，如另築新路修築舊路以及別項公用工程，保衛民生必須其地，可將案送候特別領事公堂判定」。第二「凡控告工部局及其經理人等，應從領事公堂辦理」。總之，牠的職權，就是處理工部局或工部局在經理人對其他團體或個人所發生的糾紛而已。

鼓浪嶼公共租界是自動開放的，我們看了上面的敘述就可以明白；牠在政治上的組織，我們看了上面的敘述，也可以知道和上海公共租界有點不同。因爲上海公共租界的行政權，完全操在外人手裏，中國人不能過問；在鼓浪嶼還有少數華人參加在內，這是第一點。在上海公共租界的行政委員會（卽工部局董事會）所規定的條約，由各國領事和公使批准以後，便馬上發生效力；但在鼓浪嶼，除經各國領事和公使批准外，必須再經中國政府批准，才能發生效力，這是第二點。就名義上說牠的政治組織，和中國還有一點的關係，而不像上海租界完全脫離中國政府而成爲一獨立的區域，可是在實際上早已脫離中國的主權而形成爲一個特種的區域了。

依照法學家所公認的原則，一個獨立國家的主權是不得分開的，不能受限制的而且是不許讓與的；而我們回看鼓浪嶼的情形是怎樣呢？說來真是使人痛心！牠明明是中國的領土，我們不但沒有行使的自由，而且把我們的主權限制了剝奪了；明明是我們的地界，不但我們住在該處的人民有時要受到無理的干涉，連代表我們國家的軍人，也不許他們通過其境地，本來軍隊是國家的代表，牠在國際上還可以享受治外法權的；現在呢，連通行權也沒有了。此外我們要逮捕普通的囚犯，也要預先得其允可；甚至外人對我國土匪及犯法官僚逃匿該處的，都可以藉口是政治犯而拒絕引渡哩！因此在福建的土匪官僚們，便把牠爲失敗後的逋逃藪。時機一至，便又可以出而焚殺掠奪，次之也可以作退隱時的寓公。此外還是關于公共秩序或是社會治安的罪犯，他們惟一的逃匿地，也是舍租界莫屬。總括一句，任憑你是罪大惡極的軍閥，卑陋齷齪的官僚地痞，殺人放火的强盗，只要逃入租界，便可逍遙法外，安如泰山了。

鼓浪嶼的面積，雖然不過〇・六四方英里，但其住民現据工部局的報告，已達五萬二千人。其中外人有四百六十三人，是華洋雜居的。因爲鼓浪嶼比較廈門幽靜，就是駐在廈門的外國領事，也是寄居于此。中國人方面，比較複雜。無論富翁·闊人·紳商·教徒·官僚·地痞·土匪·流氓……的人物，無不應有盡有。尤其是富翁最佔多數，因爲每逢內地兵匪大亂，這一般人深恐他們的第二生命—財產—也同歸于盡，所以都相率來作寓公。閩南人有個話：「無錢人，是住不上鼓浪嶼」，就是指這一般人而說的。普通住在鼓浪嶼的，大半是消費者。這也難怪，因爲地理環境迫到他們不得不如此，地域既少到無從發展，而農工商業更談不到。居民的生活程度很高，生活費用也比較廈門爲昂貴，舉凡日用的必需品和奢侈品，沒有一件不是從外邊供給的，甚至有的人家連水也要購買。卽在平常的狀況之下，數口之家，月費非百餘金不可，至若窮奢極侈的官僚富翁，耗費更不必說。

商業方面，都集于龍頭一帶，可是那兒所販賣的，不過是日常居民所用的東西，自不足和廈門相比擬。道路街衢，還可以使人滿意，惟未曾見過有人力車汽車……等類，這也是牠的特別的地方。土地價方面，和上海情形有點相像，價格有好幾種。比如龍頭一帶，價錢最貴，每方丈必須千餘元，次一等的須幾百元，其他幾十元的也有，須看其地位的優劣和交通是否便利而決定的。此外娛樂方面，有京班台灣班等。近數年來，關於電影如（延平嶼光大東鷺江）跳舞場（如龍頭的廈門酒家）……也次第設立。

鼓浪嶼的教育，若從量的方面看來，還可以稱是不錯。現在調查所得，關于中學方面，有閩南職中，英華書院，慈勤女中，毓德女中、新華中學，武榮中學，美華中學，高等女中，懷仁師範等；小學方面，有普育小學，養元小學，福民小學，毓德附小，懷仁女學，日本小學，懷德幼稚園等十多所。不過我們所痛惜的，就是外人辦的多，我們自己辦的少。至外人辦的學校，不用說是帶着濃厚的宗教色彩。記得有一個女學校，因偏重廈門羅馬字及聖經，學生父兄曾請學校當局注重漢文，這些外國女士答道：「我們是來傳教的，教育不過是工具而已！」我們自辦的又怎樣呢？其中辦理認真的，固然不能說是沒有，可是從事敷衍鋪張的也頗不少。除了因經費缺乏，難以擴充外，其餘的也不過是把學校拿來當作招牌而暗中把牠當作營業的工具。關於社會教育機關只有一個規模甚小的中山圖書館。

至於名勝，數很不少。如廈門志載有雞冠石鹿耳礁劍石印石等處，其中最妙的，當推印石。原來印石就是日光巖，原名爲晃巖，鄭成功水操台故址即在此處。据說「鄭成功後來東渡日本，登日光山，見其風物之佳，歸而改稱日光巖。」劍石聽說鄭氏抗淸時，曾住居於此。此外如林氏菽莊，也是名勝之一，雖然出自人工，但佈置得宜，常爲遊客所稱道。

第九節　名勝

廈島東北部，因爲多山的緣故，風景都很幽美。其最著名的各地：

(1)南普陀　山在廈門島之南，是廈門最大的佛刹。輪船進口時，就可看見。人們以之比擬定海的普陀，故稱南普陀。山上五峯並列，稱「五老臨霄」，是廈門八景之一；山下有寺，叫南普陀寺，殿宇雄壯。寺內有閩南佛學院，生徒數十人，太虛法師曾主持於此。寺後山上，林木很多，岩石巍峨，亭榭爽塏，有淸代平台紀功亭四；寺外有光復烈士紀念碑。夏天避暑，最爲適宜。

(2)白鹿洞　是鷺江八景之一，名稱「鹿洞含煙」，山很平淺，而洞則深邃，上有古刹，雨天風景頗佳。按白鹿洞以祀朱子故名。

（3）虎溪岩　一名玉屛山，相傳昔年有寺僧捉虎於此故名。有大雄殿，準提閣，彌勒樓，供佛泉，風鯨石，有古榕數十株。大雄寶殿右塑虎一隻，供人拜祀，狀極可怕。「虎溪夜月」，亦八景之一。

（4）頤園　在虎溪岩白鹿洞之南，引泉成池，叠石爲山；台榭三五，點綴其間，風景幽雅。

（5）嶺南關　距南普陀很近，亂山迴曲，棧道如線，爲清代屯兵之地；今則已闢爲新區。所有江浙閩粵妓寮，悉居於此。

（6）醉仙岩及天界寺　醉仙岩在虎溪岩之北，岩石有竅深二尺，挹而復滿，味甘可釀，故名醉仙；或說是遠望巖石，若醉人偃臥，以形名，上祀九仙。其東是天界寺背山面海，極爲豁朗。寺後有長嘯洞，前明征倭諸將勒詩於壁。

（7）獅山　在太平巖後，石勢嵯峨，形如伏獅故名。山最高，登臨俯瞰，全島如在掌中，宛若蕈形。商埠所在適爲蕈柄，而蕈傘全部，都爲山脈所盤据。

(8)萬石巖　在獅山之南，山勢亦極高。最高處山巖上刻有「萬笏朝天」四個大字，巖下有寺，亦叫萬石巖。寺的左右，大石累累，中有石微曲，叫象鼻石。

(9)太平巖　在萬石巖之東，舊爲鄭氏讀書所。山徑都是巨石夾道，狹窄如帶。巖前有石如開口狀，鐫「笑石」二字。其上爲中巖，因界萬石太平兩巖之間故名。拾級而登，俯臨絕壑，有佛殿，有將士亭，祀澎湖陣亡諸將。按將士亭已塌，惟碑石巍然尚存，巖祀鄭成功遺像。

(10)雲頂巖　去市東北二十五里，峭拔聳秀，爲島中諸山之冠。上爲方廣寺，有點濟巖留雲巖一片瓦風動石星石諸名勝。絕頂有觀日台，鷄鳴時遙望，白如火輪，從海中湧出紫濤蒼霧間，真是好看！

第十節　附近嶼列

列嶼環繞海中，星羅棋布，或爲軍事要隘，或爲盜賊窩窟，居民稀少，多以漁農爲業，遊者絕鮮。茲將重要者列左：

(一)梧嶼　在廈門南大海中，水道四達，爲廈門要隘。

(二)大担嶼　在廈門東南海中，連小担梧嶼。

(三)小担嶼　周圍四里，與大担相連。

(四)柦榔嶼　在廈門東，與小担相望。

(五)洒洲嶼　在廈門北，周圍二里餘。

(六)白嶼　在廈門東北，洒洲嶼東，周圍四里。

(七)青嶼　在南海澄同安交界處，東接小担嶼。

(八)虎仔嶼　在廈門東，金廈交界處。

(九)蟹仔嶼　在廈門北，近后蓮鄉，小渡船於此往同安。

(十)猴嶼　近鼓浪嶼。

(十一)圭嶼　在廈門西，澄廈交界處，一名龜嶼，乾隆嘉慶間置城，今毀。

(十二)錢嶼　在廈門西，去澳頭南半里，明朝天啓二年，上築銃城，與圭嶼木嶼相爲呼應。

(十三)木嶼　在廈門西，圭嶼居中，錢嶼木嶼翼之，前明設城戍守，今俱圮。

(十四)嵩嶼　在海澄縣界，與廈門相對，宋幼主浮船經此，適居聖誕，羣臣構行殿呼嵩，故名。

第三章　廈門的人文

第一節　貿易

廈門自闢爲商埠之後，把向來無人過問的彈丸似的漁島，變爲中國南部國際貿易貨物集散的中心。同時也因地理上的關係，而爲南洋華僑往返的門徑。所以廈門在國際貿易上構成了很密切的關係。不過廈門祇稱是國外貿易聯絡折衝的地點，貨物輸入起卸的商埠，至於所謂直接的生產和輸出，直到今日未見有可觀的成績，且反而形成歷年洋貨(進口的土貨也包括在內)入超的現像。茲就一八七九年至一九三二年，廈門出入口的淨值及其入超的數目列之如左：

(均以海關兩計算)

年	進口淨值	出口淨值	入超

	（包國內外進口）	（包國內外出口）	
一八七九	六，一七七，六一九	二，八五一，五三〇	三，三二六，〇九九
一八八〇	七，一七一，〇五五	二，八六二，五二九	四，三〇八，五二六
一八八一	九，一五五，〇九五	二，七八四，二八〇	六，三七〇，八一五
一八八二	八，七五六，五一一	二，四九四，五二四	六，二六一，九八七
一八八三	八，九九一，〇七三	二，三四一，二一九	六，六四九，八五四
一八八四	八，七四五，〇六一	二，五一八，九八六	六，二二六，〇七五
一八八五	九，三六七，七六二	二，五九六，四七八	六，七七一，二八四
一八八六	八，七二九，八九三	二，六八〇，六五六	六，〇四九，二三七
一八八七	九，二九九，九三二	二，八六三，六七〇	六，四三六，二六二
一八八八	九，七〇八，五八〇	二，五四一，〇〇四	七，一六七，五七六

一八八九	九，四二七，九七一	二，五一四，〇三七	六，九一三，九三四
一八九〇	九，二一九，四六三	二，二二九，六〇三	六，九八八，九六〇
一八九一	九，四三四，七一九	二，三三六，五三九	七，一〇八，一八〇
一八九二	八，三〇六，四八二	二，二三八，五四五	六，〇六七，九三六
一八九三	一〇，八三二，五七二	二，三〇七，六六九	八，五二四，九〇三
一八九四	一〇，〇四三，一二八	二，六五〇，〇二〇	七，三九三，一〇八
一八九五	一〇，八八七，七五四	二，五七九，一三八	八，三〇八，六一六
一八九六	一〇，一八九，三三四	二，八二二，七一三	七，三六六，六二一
一八九七	一〇，五三二，三八五	二，四四一，二三一	八，〇九一，一五四
一八九八	一〇，九五四，三〇三	二，二九七，〇五七	八，七五七，二四六
一八九九	一四，五三七，二三七	二，四二三，四四四	一二，一一三，七九三

一九〇〇	一二，〇二二，二三一	二，八二〇，九九七	一〇，二〇一，二三四
一九〇一	一二，六九三，八七九	二，〇二五，一七九	一〇，六六八，七〇〇
一九〇二	一四，九二五，三二一	二，二三六，五四七	一二，六八八，七七四
一九〇三	一四，四二二，六一八	二，五六三，二八〇	一一，八五九，三三八
一九〇四	一五，五二二，〇五三	二，六八二，五一八	一二，八三九，五三四
一九〇五	一五，五二七，四九八	三，〇四〇，二九六	一二，四八七，二〇二
一九〇六	一四，七八〇，二八〇	二，五七三，〇五七	一二，二〇七，二二五
一九〇七	一四，八五三，六〇〇	二，八一三，五九一	一二，〇四〇，一〇九
一九〇八	一六，一七三，五二七	二，七二三，九二五	一三，四四九，六〇三
一九〇九	一七，四四六，五八一	二，六四三，六五一	一四，八〇二，九三〇
一九一〇	一九，三〇三，二五二	三，二四〇，六〇一	一六，〇六二，六五一

一九一一	一六，六七一，七八五	三，七四一，五五四	一二，九三〇，二三一
一九一二	一七，五一一，五三九	三，三七一，二九五	一四，一四〇，二四四
一九一三	一六，六七七，一八九	三，三九一，七四三	一三，二八五，四四六
一九一四	一五，六二七，一一一	二，八四四，四一四	一二，七八二，六九七
一九一五	一六，九八六，八四九	三，二三〇，三七一	一一，七五六，四七八
一九一六	一四，二四四，五四五	三，一五三，〇一七	一一，〇九一，五二八
一九一七	一二，〇七四，九五三	二，五二七，五六六	九，五四七，三八七
一九一八	一一，四三一，四〇七	二，四九四，八七六	八，九三六，五三一
一九一九	一八，一八五，八三〇	二，五九〇，四二七	一四，五九五，四〇三
一九二〇	一八，五三〇，四二六	三，七六八，九〇九	一四，七一六，五一七
一九二一	二六，〇三七，一六九	四，九三二，八九一	二一，一〇四，二七八

一九二二	二六，一六五，一四〇	四，八四五，四〇一	一九，九七三，一〇三
一九二三	一四，八一八，五二四	四，八四五，四〇一	一九，九七三，一〇三
一九二四	二五，三〇一，四八四	五，六四五，二〇四	一九，六五九，二八〇
一九二五	二五，四七七．五六九	五，六一一，一四二	一九，八六六，四二六
一九二六	三二，一六二，三六三	五，四八五，九四八	二六，六七六，四一五
一九二七	三五，九七七，九七五	五，五三一，一〇一	三〇，四四六，八七四
一九二八	三二，六八一，〇四六	四，五四六，一二七	二八，一三四，九一九
一九二九	三一，一〇八，二六二	四，七五六，五九一	二六，三五一，六七一
一九三〇	三八，五八七，五二六	四，九〇五，一二六	三三，六八二，四〇〇
一九三一	四八，五四三，三三三	四，三五九，六五九	四四，一八三，六七四
一九三二	二四，三〇〇，〇〇〇	二，二〇〇 〇〇〇	二二，一〇〇，〇〇〇

由一九一六至一九二六係採自江聲報二十年元旦特刊

由一九二七至一九三一係製自廈門市政籌備處彙刊

從上表我們可以看到：(一)在這五十六年內，入口的數量逐年增加，幾乎全無間斷，僅一九三二年是特別的降落。計從一千七百五十一萬一千五百三十九兩漲至四千八百五十四萬三千三百三十三兩。因為入口多係國貨品，所以當歐戰時(一九一四——九一八)，入口的數量曾受相當的影响而漸呈低落的趨勢。歐戰後增加極快，自一九一九年起至一九三一年止，入口忽從一百餘萬兩漲至四千餘萬兩；至一九三二年忽降落至二千四百三十萬兩，較之一九三一年，相差竟有一倍之多，世界不景達於極點了。(二)反之，截至一九二〇年止，出口的數量僅在二三百萬餘兩之間擺動着，全無增加之可言，至一九二四年才漲至五百六十四萬餘兩，這個數目為五十六年來最高的數目。自一九二八年至一九三一年，又降到四百萬餘兩；至一九三二年，由四百萬餘兩忽降至二百二十萬兩，其間相差亦有一倍，其最大原因，就是共匪擾閩，內地旱災，農村破產所致。(三)在這五十六年內，各年都是入超而絕無例外，計從一九一二年之一千四百一十四萬餘兩漲至一九三一年之四千四百十八萬餘，迨至一九三二年，忽降至二百二十一萬兩，上下相差至一倍之多。廈門經濟特殊情形，由上所述可見一斑了。

廈門輸入的物品，以綿布呢絨毛織品未麵紛金屬類煙草等爲大宗；輸出的物品，以錫箔冰糖菸絲粉絲上等紙茶等爲大宗，大蔴桂圓橘子醬油粗瓷器蚊香藥材等次之。

第二節　商業

廈門與外國交通，遠在十六世紀的初葉。一五一六年，葡商初次來廈，但不得在廈門本島，只在梧嶼與華人開始貿易。一五七五年，西班牙人從岷里刺來。一六〇四年，荷蘭人也跟着來。英國人初次到廈門的時候，是一六七〇年六月二十二日。但在這時期內，滿清政府係採閉關自守的政策，禁止外人通商；雖到一七三〇年，除西班牙人以外，也還是概不許別國商人到廈貿易。在這種情形之下，商業自無發達可能。至一八四二年八月二十九日南京條約成立以後，廈門才是一個通商口岸。開埠以來，因交通便利的關係，蔚成商業大市廛。照二十年度公安局調查的結果，市內店屋，計二萬九千百五十一家，其中商店占一萬零七百十八家，由此可見廈門商業興盛的一般了。但促成廈門商業如此興盛的，的確是華僑的力量。沒有南洋華僑，則現在的廈門一定不是這樣，所以南洋可以說是廈門的救命者。南洋的商業發達，廈門便跟着發達；一旦南洋發生了變化，廈門也要隨牠變化，這是一種必然的現象，是一種不可避免的事實。廈門對外貿易，歲多入超，幸賴華僑匯回款項藉以彌補。廈門每年究竟從南洋運回多少錢，尙無確實的統計。一九一二年，畢查兒(P. W Pitcher)估定爲一千萬至二千萬海關兩。一九一三年，稅務司飛洛順(T. H Forguson)估定爲一千六百萬至一千八百萬海關兩　。最近握經濟學家馬寅初博士的調查：「福建華僑每年由滙豐銀行匯回者。約計一千五百萬元；由荷蘭安達銀行匯回者，約計五百萬元；由其他各地批局(卽匯兌信局)匯回者，約一千萬元」。對外貿易滙兌上，因此抵補而得平衡。一九三〇年來，世界經濟已呈普遍的衰落，南洋一隅早被波及，目前南洋商業已是一蹶不振，而廈門呢，受了南洋商業的影響，自然也踏上沒落之途了。

年來廈門各途商業，因受不景的影響，倒閉停業者日有所聞，其間尙可維持現狀者，亦大都百孔千瘡，勉强支撑，莫從振拔，社會經濟的奇絀，人民生計的困難，都可從各途商的沒落中，窺到一斑。茲將本年四月二十六——二十七兩日江聲報載，廈門最近（自民國二十年至民國二十二年）三年來各途商業銷的增減分述于左：

（1）雜貨　二十年為五百五十萬元，二十一年為二百一十萬元，二十二年為一百七十萬元，營業商鋪最近較二十年減少三分之一，無形停頓者尚有十多家。

（2）白糖　以前銷流五六萬包，二十年降至三萬餘包，二十一年為二萬餘包，二十二年為萬包，本年四個月來，所銷不及千包，現市內糖商僅存數家，較之二十年減少三分之二・五，其營業的衰落可謂歷來所未有。

（3）油業　二十年至二十一年這兩年間，每年尚銷六七十萬珍，二十二年則遽減至十三四萬珍。油貨雖減少，但價錢視前較昂；因前年每担十四五元，現須二十餘元。油商二十年至二十二年，始終十餘家，無大變化，爲各途商的僅見。

(4)麵粉　二十年銷流達一百十餘萬包（其中歐粉二十餘萬包，國粉九十餘萬包），每包價目都在三元左右。二十一年爲一百二十餘萬包，歐粉因關稅增加減少十萬包，每包價平均約二元七八角。二十二年爲一百三十餘萬包，歐粉銷十萬包，每包價二元四五角。本年四個月來已銷四十餘萬包，大部仍是國粉，歐粉所銷極微，價也遞減。

(5)木業　二十年爲二十八萬元，二十一年爲二十七萬元，二十二年爲二十一萬元，商店較二十年約減少四分之一。

(6)紅料 二十年爲三萬七千元，二十一年爲二萬六千五百元，二十二年爲一萬五千餘元，原有二十多家，現減少七家，其餘的也都縮小營業範圍。

(7)西藥 二十年爲八十萬元，二十一年爲五十萬元，二十二年爲三十五萬元，商店較前年減少十分之三。

(8)爆竹 二十年爲四十四萬四千元，二十一年爲三十三萬八千元，二十二年爲十六萬六千元，商店減五家。

(9)參藥 二十年爲二百萬元，二十一年爲一百五十萬元，二十二年爲八十萬元。商店現較二十年減少十多家，已有十多家入外籍，拒納一切捐稅。各途營業銳減，當以參藥爲最。

(10)糕餅 二十年爲十萬元，二十年爲十萬元，二十二年爲七萬餘元，商店十倒三四。

(11)服裝　二十年爲二十四萬元，二十一年爲十九萬元，二十二年爲十一萬元，三年來倒閉與新設相等，該途因爲是工商業・尙能維持現狀。

(12)綢布　二十年爲七百萬元，二十一年爲四百五十萬元，二十二年爲三百五十萬元，商店現較前減少三分之一。

(13)珠寶　二十年爲四十萬元。二十一年爲二十餘萬元，二十二年爲二十萬元，商店較前減少七家。

(14)理髮　二十年爲十四萬二千元，二十一年爲十萬九千餘元，二十二年爲七萬五千餘元，商店較前減少三百十六間，最近續閉四十三間。

由白糧油業參藥珠寶短銷，可以看出市面經濟的狀況；由雜貨糕餅短銷，可以看出市面的大不景氣；由理髮店多歇業，更可以看出市面的窮窘，這都是排在面前的事實。

茲舉出[illegible]的衰落原因，以作本節的結論：(一)共匪擾閩，內地旱災，農村破產，南洋各埠不景氣，閩變軍事復興，經此種種摧殘，羣衆財力銳減。(二)海關增稅，洋貨多不合算，來路因此大減。(三)泉州設有海關分卡，可逕向上海香港各埠自由採辦。(四)籍民帶貨及販賣貨品，可以拒納一切捐稅。(五)廈門貨物原可運銷泉漳龍汀各屬，自泉州設卡後，泉屬各縣遂無須運自廈門；更自汕頭都市興起後，汀龍各縣出口貨物也無須經過廈門；今所餘者僅漳屬及同安各縣而已，故銷途日蹙。(六)商店倒閉既多，失業店員多散爲攤販，店舖大受打擊，如此市面營業不免每況愈下了。

第三節　金融

金融的職務，是處於資金需要利供給之間，從一方面吸收基金而運用於他方面的，在商學上爲補商業之一種。故金融業的消長，多隨普通商業的盛衰而成正比例。厦門爲通商五口之一，對外貿易最佔重要；而金融界的週轉，也以對外貿易的範圍爲最大。玆將牠的重要金融機關，略述如左：

(一)本國銀行

(一)中央銀行　創立於民國十六年，總行設上海，實收資本千萬元。厦門分行至去年才行分設，海關收稅處已於二十二年一月一日由中國銀行移交中央經管，有海關的金單位的存款制度，各銀行多和牠立約而出售金單位，以供商人納稅之用。

(二)中國銀行　實收資本二千四百七十餘萬元。創於民國元年(舊爲大清銀行），總行設上海。福建省分行設廈門，福州泉州各有一支行，福州城內與鼓浪嶼各有一辦事處。除經營一切普通銀行業務外，有兌換券的發行權。鈔票的信用甚著，中外商民都樂用牠。自十九年度政府明令改爲國際滙兌銀行，七月一日上海總管理處設國外部以後，廈門也添設國外滙兌部承攬押滙，開信用狀，與海外分行或特約處通滙。

（三）中南銀行　是閩南資本家黃奕住所創辦，總行設上海，資本金七百五十萬元。廈門設分行，鼓浪嶼設有辦事處，有發行紙幣權，兌換券通行甚廣，僅次於中國銀行。

（四）中興銀行　總行設美屬菲律濱首府岷里剌，實收資本一千一百四十餘萬元。美滙情形，比較熟悉，外商銀行以外，押滙以此行最多。

（五）華僑銀行　總行設新嘉坡，資本一千萬餘元。從去二十一年一月一日起已宣布和資本二百萬元的華商銀行，資本八百萬元的和豐銀行合併，華僑銀行是有限公司，是南洋華僑金融的總滙機關。

(六)廈門商業銀行　該行爲本地人和僑商所組織，資本六十萬元。在上海設有分行，對于各種儲蓄，也頗致力，和錢莊業往來不少。

(七)國華銀行　總行設上海，資本二百三十餘萬元。滬戰時十九路軍捐欵，多存該行，去年十九路軍奉命駐閩，該行也隨設辦事處於廈門。

(八)中國通商銀行　總行設上海，資本三百五十七萬一千四百二十八元。創于有清光緒二十三年，本年五月設分行于廈門，並發行兌換券。

(九)中國實業銀行　總行設上海，資本三百五十萬七千四百元，創于民國八年，本年設分行于廈門，亦有發行兌換券之權。

(十)華通銀行　總行設上海，實收資本五十萬元。創於民國二十年四月，本年七月設分行於廈門。

(2)外商銀行

(一)匯豐銀行　英商，總行在香港。資本總額五千萬，已發行鈔票。

(二)安達銀行　荷商，總行在荷京安姆斯登，資本總額六千萬盾，未發行鈔票。

(三)台灣銀行　總行在台北，是台灣人的唯一金融機關，資本總額六千萬元。除利日本台灣作兌匯外，尚有與南洋來往，以前曾發兌換券，極爲暢銷，至民十七年「五卅」發生後，排日運動非常激烈，大受打擊。現在只台灣人使用牠，市面已不通行了。

西商多與匯豐安達來往，日商及台灣商則與台灣銀行通有無。每晨滬港台灣電到後，各於十時左右發出行情單。茲錄安達銀行二十二年三月十五日外滙行情單如左・可見一斑。

安達銀行(Nederlandsch Indische Handelsbank N. V.)

厦門・一九三三・三・一五。Amoy, 15th march 1933.

開市賣價Opening Selling Rates.

香港 Hong Kong	每千元加九十五元	1095
上海兩 Shanghai Taels	每百元合規元	70 7/8
上海洋元 Shanghai Mex. $	每百元加一元	10/0 prem
倫敦 London	每元一先令二辨士半	1/21/2d
紐約 New york	每百元合金元	20 7/8
爪哇 Java	每百元合福祿令	51 5/8
新嘉坡 Singapore	每百元合坡幣	52 3/8
仰光 Rangoon	每百元合仰光幣	80 5/8

日本 Japan		1
法國 France	每元合法郎	5.25
海關金單位 Customs Gold Units		1
倫敦銀 London Silver	每盎斯合辨士	17 11/16d
倫敦 紐約 London / New York	每英鎊合美金元	3.44 1/2

（3）錢莊

廈門錢莊，計百餘家，爲合夥營業，股東都負很大責任，普通華商多利牠往來，有仝業公會的組織。各種票据，金錢貨幣的買賣，恒就同業公會交割之。牠的營業種類，和近代銀行大致相同。但以習慣上和利便顧客起見，其方法略有變通。惟現受不景氣的影响，錢莊倒閉的逐年有所聞。据本年二月二十四日報載，新年以來倒閉的計有五家。查其不振原因有三：（一）錢業向視滙兌爲本途營業的主要部分，近來銀行界爲應付事勢的需求及維持其商况起見，對單水方面，莫不卸價求售，和錢業界競爭。譬如錢莊開盤爲一千二百五十元，銀行只一千二百四十五元，于是銀行方面，客至如歸，而錢莊方面，則無人過問，只有徒呼負負而已。(二)錢莊從前對銀色的揀擇，多採普通性質，不甚挑剔；現在揀堅擇美，苛於銀行，這也是自絕其主顧的一因。(三)錢莊的信用，已不如銀行，且因受倒閉的影響，客單向來和錢莊交易的，交款可以稍爲通融，銀色不致選擇過苛，及雜色單可以使用；今以上各種，錢莊和銀行既無大分別，而雜色的字號票幣，即零數三五元，銀行也肯收用，且單水又較錢莊爲廉，錢業不能抵抗銀行，這是很明顯的事，將來錢業必歸於淘汰，是可以預料得到的。

閩人僑外洋者衆，來往交通，動輒易幣，錢莊因而上下其價而得其手續費，生金銀之買賣，惟有大資本的人經營，閩南國幣通行，一律遵用，洋元買賣，僅限於現欵與鈔票(硬貨與軟貨)之差，鈔票運輸便利，通常貴於現錢，每千元約自數角至二三元不等，輔幣漲落無常，視需供爲標準，目下行市，每國幣一元約合小洋十二角四分，小洋一角，約合銅元二十枚，廈門通用的小洋輔幣，爲福建省造與廣東省造的龍幣，及廣東二毫銀幣的民國元二三四年者，其餘都不用。

第四節　交通

廈門的海陸空交通，也隨着商業的發達而進展，在三十年前，廈島陸路交通；僅有崎嶇的山路；水上交通，僅有舢舨及大舶。今則陸海空上交通的便利，已大非昔比。玆分述之於左：

(1)陸路交通

(一)漳廈鉄路　漳廈鉄路，動工於清光緒卅一年(一九〇六)五月，至宣統一年(一九一〇)五月，築成由廈門對岸的嵩嶼起至江東橋一段，計長十九英里，由江東橋至漳州的十一英里尚未完成。据該鉄路局的報告，計需費二百二十萬元。敷設一英里，平均須要十一萬五千七百八十九元。

(二)汽車路　廈市公共汽車路計有五線．市外汽車路也有五線，共長五十二里。內市馬路，名稱七十有四，共長十六萬八千五百八十八尺，寬度由十二尺至九十尺不等。市外馬路，計長四十一公里，寬度由二十四尺至三十尺不等。

(2)水路交通

(一)海運　廈門海外交通極便，西南可下達汕頭廣州香港及南洋羣島，東北上通福州寧波上海青島天津營口及海參葳。据民二十年五月的調查，上年出入口的船隻，共有二千三百五十二艘，計四百十九萬七千一百五十八噸・英國輪船占最多數，計二百三十萬零四千二百三十四噸。荷國次之，計九十八萬二千八百二十六噸。日輪退到第三位，計五十九萬六千二百五十二噸。其餘則屬中國美國那威國法國德國各輪船。茲將各國輪船名稱艘數列左：

名稱	國別	艘數
招商局	中國	二十七艘
太古洋行	英國	五十四艘
大阪商船會社	日本	二十艘
渣華輪船公司	荷蘭	十九艘
和記洋行及謙利洋行	英國	九艘
永茂生	同前	七艘

德忌而士洋行	英國	五艘
和通公司		七艘
安記船務公司		三艘
和盛公司		一艘

(二)内海　廈門東距福州一百九十八浬，東北距泉州一百九十浬，西距漳州約一百里，西南距汕頭一百三十五浬。其行駛内港的船隻，十九年進口出口總數計一萬四千二百六十二艘，計九十三萬三千三百零六噸。内地的開闢公路，不啻奬勵這種航業，且輪船公司與汽車公司商訂接駁時間，而運輸上也得費廉時省的便利。航行本省内地火輪，計有百餘艘，大的可儎客七百餘人，小的數十人不等。票價無定，須視有無他輪船競爭爲升降的標準。但近來各家頗知調和，大約不甚昂貴，也不分等第，惜辦事的不注意改良，致船中污穢，坐

位不舒服。

（3）航空

民國十七年，曾在禾山五通店裏社，創立福建民用航空學校，並置飛機六架，其經費係由南洋華僑所供給。迨到十九年，因經濟及人才發生問題，乃暫令併廣州航空學校。禾山曾厝垵，尚設有海軍航空處一所，置有飛機八架，機房爲德國式，建築堅固而美觀，處長爲陳文麟氏，駕駛學習員二十多人。曾於去年新製「江鵠」號飛機一架，於九月間作飛行全國之舉，不幸後來竟以遇霧而撞傷機身聞。上海中國航空公司的滬粵線，也以廈門爲過程，每來復來回二次，但儎價昂貴，坐客載郵不多。

（4）其他

郵政總局，設於海後灘。廈市鼓浪嶼，都設有分局。電報分兩種：（一）國內電報，即國內各處互相往來的電報，(二)國際電報，即國內各處和國外各處往來的電報。總局在海後灘。交通部的廈門短波無線電台，在港仔口街。電話設備頗佳，電話公司在賴厝埕，電碼分廈市鼓浪嶼和禾山三區。長途電話有漳廈線，已在二十年一月一日開始通話。

第五節　教育

教育爲國家百年之大計，在各種事業的進程中，實占很重要的位置。廈門四面環海，交通便利，自南京條約開放爲五口之一後，便成爲南部海上要港之一。華洋雜處，人煙稠密，各種物質的建設，一日千里，而教育也隨着發達。以現在而論，高等教育，有規模宏敞的廈門大學；中等教育，有廈中同文雙十等十餘所；初等教育，有普育玉紫羣惠等七十多所；幼稚園，公私立計九所；社會教育，有公立圖書館一所，民衆學校十餘所，閱報所十餘處。此外尚有簡易小學二所，以及公共體育場動物園公園等。以區區彈丸小島，教育機關如此之多，不可謂不發達了。茲將各級教育分述於左：

(二)高等教育　廈門大學

(1)校址及校景　廈大校址位于廈門島之東部，舊爲演武場，一望平蕪，左右山坡起伏。後依南普陀，叢林凝翠，秋冬不凋，古刹莊嚴，殿閣幷麗。其前海濱，即九龍江鷺江出海之口，每當風日清明，海波不興，澄碧如鏡，有時颶湧白浪，鼓動沙石，奔濤澎湃，若馳萬馬，雲物變化，瞬息萬狀。而夾岸數十里，南太武高峯，矗立天際，隱現於白雲之間，尤爲壯觀。對岸爲鼓浪嶼，樓閣玲瓏，林木蒼翠，危石高蹲於其巔，相傳爲鄭成功觀演水操之台。當休沐之暇，閒掉小艇，或訪古蹟，或探名勝，俱足以消塵慮的紛繁，增身心的逸趣。廈大環境的優良，實爲青年學子讀書修養最適宜之所。

（2）沿革　廈大成立於中華民國十年四月，由陳嘉庚先生以校董資格，聘鄧芝園先生爲校長，暫假集美學校餘屋開學。五月鄧校長辭職，乃改聘林文慶繼任。十一年二月，南普陀新校舍一部份落成，因由集美遷入，是卽今之校址。十七年三月，奉前中央大學院批准立案，十九年二月遵照教育部頒布大學組織法，及大大學規程，改科爲學院。同年五月，復遵部令改預科爲附設高級中學，此廈大沿革之大概。

（3）編制　廈大分設五學院，卽文學院，理學院，法學院，教育學院，和商學院。文學院內分中國文學系，外國文學系，哲學系，社會學系，和史學系。理學院內分算學系，物理學系，化學系，植物學系動物學系，和天文學系。法學院內分法律學系，政治學系，和經濟學系。教育學院內分教育原理學系，教育心理學系，教育行政學系，和教育方法學系。商學院內分會計學系，銀行學系，和工商管理學系。并另附設高級中學，內分普通師範二科。普通科又分文理兩部。

(4)建築　廈大校舍主要部分，西南向的爲羣賢樓，其左樓二，爲集美映雪；右樓二，爲同安囊螢。五樓相連，其直如矢，值其前者爲體育塲。逾塲歷四十級而上，位最高勢最峻者，爲生物學院。院后扁東平地，復有院爲化學院。植物院醫院在其側，新圖書館基址在其前。循此而東，登白城山，有住宅二十餘所。北降平地逾電燈廠，有樓二，爲篤行兼愛。篤行之西爲博愛。教育學院附屬小學則在校門的西南。計凡八樓，二院，一廠，一醫院，一附校，二十餘住宅，都仿西式，牆壁楹柱，悉琢文石爲之。此外如溫室，游泳池，自來水池等，應有盡費，統計建築費在一百萬元以上。

(5)圖書儀器標本　廈大圖書，計藏中文書籍四萬五千餘册，西文二萬餘册。中日文雜誌有百餘種，西文雜誌四百餘種。至各項雜誌，凡本國及英美德法日本等國所出版的著名雜誌，無不擇要購置。儀器方面，尤稱完備。理學院物理系共有二千四百餘件，值國幣四萬元。化學系共有一萬三千餘件，值國幣五萬餘元。動物系共有十餘萬件，值國幣二萬餘元。植物系共有十萬餘件，值用國幣五萬三千餘元。天文系共有三十餘件，值國幣二千七百餘元。教育學院共有新式儀器百餘種，約值國幣一萬元。至廈大動植物標本搜羅之豐富，中外聞名。計植物方面，有顯花植物二萬二千餘種，花隱植物五千一百餘種，應用植物二千餘種。動物方面，獸類裝成標本六十餘座，鳥類八百五十餘座，蛙類八十餘瓶，爬虫類七十餘種，魚類九百八十餘瓶，昆虫節足貝殼軟體棘皮腔腸等類約三千餘種。

(6)教職員學生

廈大教職員，共有九十七人，都是國內知名之士，教學經驗，均極豐富。本期在校學生七百六十三人名，高中學生一百零八名，共計九百七十一名。學生以閩粵籍者爲最多，此外蘇浙皖贛湘鄂川桂滇黔籍學生亦不少。開辦以來，十一年間，共畢業八屆，計畢業學生二百六十一名。畢業後以投入教育界爲最多，次爲商業界，次爲黨政各界，就中服務福建黨政教育商各界者佔半數以上。

(7)學生課外組織　廈大學生，富有合作精神，對於課外活動的種類，名目繁多，大學各院，附設高中，及全校女生，均組織同學會，用以聯絡感情，互通聲氣，並引起辦事興趣，以備將來在社會服務。此外對于運動方面，有游泳及各項球類的比賽，研究方面，有歷史學會，社會學會，算學會，化學學會，政治學會，經濟研究會，法律學會，教育學會，心理學會，國際學會，國語辯論會，英語辯論會，中國藝術社，攝影學會，演講會，前驅國語社等，他如消費合作社，旅行團，參觀團，江浙學會，閩海學會兩廣學會等團體。

（8）刊物　廈大刊物，分定期不定期兩種。定期刊物，爲廈大週刊，現出至三百三十七期。廈門大學學報，現出至第三期。廈門大學一覽，入學手册，學生一覽，入學試題，開校紀念刊。不定期刊物，爲廈門大學演講集，廈門大學圖書館中文書目，教育學院叢書，各學會會刊，校務報告，畢業同學年刊。臨時出版者，有法潮預光粵聲暴日蹂躪東北彙刊和爲日本侵佔滿洲敬告各友邦人士書等。

（9）經費　廈大自開辦至今，十有三年，一切支出已在三百五十萬元左右，就中除國府補助陳嘉庚先生教育事業費，中華文化基金會補助費十餘萬元，及曾江水黃奕住葉玉堆李光前林文慶諸先生，新嘉坡羣進公司等，先後捐助十餘萬元，餘均爲陳嘉庚先生所負担。值茲國難期間，國府補助費減半（原爲每月五千元）發給，廈大頗受影響。去年承福建省政府議決，自七月份起，按月補助五千元。又承廈門各界領袖組織廈門大學協進會，期於物質上及精神上設法協助，前途的發展，可預卜也。

（二）中等及初等教育

廈門人口，合禾山鼓浪嶼，共有二十一萬四千餘人：照五人應有一學齡兒童的原則，全市共有學齡兒童四萬二千餘人，假使一學級規定收足五十人，即上列學齡兒童數，須開八百餘學級，方能盡量容納・現將全廈學校學級學生數目列左：

（1）

中等學校十七校（內省立兩校在內）：

學級七十四級；

學生一千九百十九人。

（2）

縣立小學九校；

立案私立小學五十八校；

縣立及私立幼稚園九校；

學級三百七十七級；

學生一萬零五百五十六人。

（3）

省立簡易小學兩校；

未立案中小學十校；

私塾七十二所；

學級學生均未列入統計。

（4）統計：中小學幼稚園九十三校；

學級三百五十一級；

學生男女共一萬二千五百八十四人；

此外再加簡易小學、私立及未立案的學校學生，總數約一萬六千人左右。

据上列學生數目，廈門尚有失學兒童二萬六千數百人之多，非設法補求不可。查廈門每年敎育經費，總數僅七萬餘元，各校經費除省縣立的學校，其餘多靠南洋或本地募捐而來，近年來南洋商業一落千丈，各校經費都受很大的影響，無形停頓的也不少。

（三）社會教育

廈門社會教育，因社會的需要，亦次第創立。廈門公立圖書館，藏書三萬餘冊，報章雜誌數百種，每日平均閱報者，有二百餘人，正在進行建築中的，有中山公園圖書館廈門大學圖書館。縣立民衆學校十所，學生總數（內男生三百二十六人，女生三百九十）爲七百十六人。通俗閱報所有十餘處，縣立民衆閱報所計十處，已經開放的有百家村濟壽廟一處，每日閱報人數平均在五十人以上。動物園一所，在中山公園內，但收集獸類禽類不多，規模不大，前往參觀者須納費，一般民衆多不能欲飽眼福。廈門中山公園，是民衆遊息的唯一場所，園內全部面積計一百四十三萬餘方英尺，建築費計百餘萬元，其中設備如運動場圖書館令司台博物院動物場陳列所電影園鐘樓水榭等，設備都很精緻，凡來遊此園的都說建築的完善，足爲東南數省冠，這實在不是過譽的話。正在建築中的尚有虎溪公園，是就虎溪岩點綴而成，論天然的景緻，也不亞於中山公園。廈門大學生物學院，計獸類陳列室一，鳥類陳列室三，二棲類爬虫類陳列室一，魚類陳列室一，無脊椎動物標本陳列室三，每逢來復一、三、五日爲開放時間，各地人士前往參觀的很多，其所有標本陳列方法，都以生物進化程序爲標準，其有益於社會教育，民衆智識，確是不少的。救濟成人失學，中央定有專案，廈門向以限於經濟，社會教育如巡迴文庫，兒童閱覽室，科學館，民衆教育館，及演講社等，皆付闕如，實宜添設爲急不容緩。

(四)費經

俗語說得好「船無水不行」，教育也是一樣，沒有充分的經費，是不能積極進行的。查全廈教育經費，民國元年約三萬餘元；民國七年以後，增至四五萬元；及至去年，僅六萬餘元。以生活標準而言，說牠增加不可，說牠減少實不爲過；因僅佔全縣行政費百分之五。較之閩侯縣佔百分之五十六，漳平縣佔分之六十，各縣平均佔百分之二四．九，實在相差很多。

廈門政費畸形分配，致教育偏枯，未見繁榮，當局的漠視教育，誠不敢爲諱。查各省重要市縣的教育費 遠如廣州市，每年一百六十餘萬元，杭州市財政採統收統支政策，教費不立專款，以全市收入百分之三十爲預算標準，年約三十餘萬元。卽教育數量較少於廈門的靑島市，年亦二十九萬元。近如閩侯年近二十五萬元，莆田龍溪亦十二三萬元。遠者如彼，近者如此，所以前教育廳長程柏廬到廈視察，驚爲特殊情形。去年五月教廳督學王書賢來廈視察，亦以各校學生擁擠，設備簡陋，校舍狹小，亟須急謀擴充學校，增開學級，充實內容，改建校舍，提高教師待遇，增加私立學校補助費，凡此都是廈門目前急要之舉，但非有大宗欵項，均無從着手。

廈門民衆負担，日有增加，每年繳納國家稅數百萬元不計外，只計地方稅一項，已有一百二十餘萬元之鉅；而教育經費只有七萬餘元。茲將（二十一年度）收入各項列表如左：

項別	月份	年度	備註
廈門猪肉捐	一，○五○，○○元	一二，六○○，○○元	由猪肉局每月繳如上數
鷄鴨捐	七○○，○○	八，四○○，○○	由縣政府每月撥如上數
玉紫禾財息	八○○，○○	九，六○○，○○	每月按如上數
宴席捐	五○○，○○	六，○○○．○○	由宴席本途每月繳如上數
驗稅契	一，○○○，○○	一二，○○○，○○	由驗稅契局每月平均交如上數
木炭捐	三○○，○○	三，○○○．○○	由柴炭公會每月繳如上數
紅料捐	二一六，○○	二，六○○，○○	由紅料公會每年認繳如上數

杉木捐	一六六，六〇	二，〇〇〇、〇〇	由木商公幇每年認繳如上數
洋途冥紙	一〇〇，〇〇	一，二〇〇，〇〇	由本途每月認繳如上數
本地途冥紙	四〇，〇〇	四八〇，〇〇	由本途每月認繳如上數
禾山猪肉捐	一二一，九五	一，四六三，四〇	由禾山辦事處每月交如上數
丁粮附加	六〇，〇〇	七二〇，〇〇	每月按如上數
水仙花捐	一一二，五〇	一，三五〇，〇〇	由本途每年認繳如上數
省庫小學補助費	一三三，〇〇	一，五九六，〇〇	由省庫每月補助如上數
省庫補助局費	一六六，六六	一，九九九，九二	由省庫每月補助如上數
視察費	四〇，〇〇	四八〇，〇〇	由縣政府每月津貼如上數
地租附加	六〇〇．〇〇	七，二〇〇，〇〇	新整理地租附加每月約如上數
售地附加	二〇〇，〇〇	二，四〇〇，〇〇	由工務局附加每月約如上數

統計	六，三〇七，三七	七五，四八九，三二

說明

廈門教育經費收入，僅如列表各項。但丁粮附加及省庫小學補助費，自民國十八年一月以至于今，尚未領到分文。又售地附加，前月共一千三百餘元，嗣後逐月減少，甚至本年三月以後，附加亦未結交管理處。地租由二十一年一月份附加起，於今亦未領到，故上列收入各項數目，猶未可定爲確數，實際收入，每年只六萬餘元。

廈門教育經費收入既既如此的少數，則分配方面，極感困難。縣立各小學原定不收學費，今每生每學期初級收四元，高級收六元；每月可得八百元，全年計有九千六百元，以補經費的不足。茲將二十一年度支出之項列左：

項別	月份	年度	備註
實驗小學經費	六六〇元	七，九二〇元	共六級每級每月一百元又實驗材料費每級十元合一百十元每月共付如上數

普通小學經費	三，四四〇	四一，二八〇	普通小學七校共四十三級每級每月八十元共付如上數
單級小學經費	二四〇	二，八八〇	原有單級小學一校擬再擴充二校於禾山每校每月八十元共付如上數
幼稚園經費	二四〇	二，八八〇	原有幼稚園二所共三級每級每月八十元共付如上數
校租	一一三	五五六	小學校舍多係租賃每月租金共付如上數
補助費	一，二四九	一四，九八八	原有補助費每月五百八十四元實行新補助標準後每月約增七百元共付如上數
圖書館費	六〇〇	七，二〇〇	每月共付如上數
民衆教育經費	四〇〇	四，八〇〇	厦門無民衆學校擬由本學期始設十校預算每月共付如上數
局費	六〇〇	七，二〇〇	每月支如上數
局租	五五	六六〇	局租每月付如上數
管理處經費	五〇	六〇〇	每月支如上數
統計	七，六四七	九一，七六四	

說明

照上列收支預稱，若收入各項，皆屬可靠，且未短欠，又各校學費共收入九千六百元，每月尚不敷七百三十九元六角三分，每年共不敷八千八百七十四元六角八分，若被短欠，則不敷更大。

第六節 民俗

廈門人大多數從事商業，泉漳一帶人民亦會集於此。人民筋骨都很堅壯，青年人固然很少身體羸弱，精神委靡的；就是年老的人，也多精神矍鑠，沒有衰態。我們常常看見白頭老婦，尚出外作業；而且胸骨挺直，舉步迅速，這確爲他處所少見。勤儉耐勞，亦是廈門人的特點。一般人的生活，大都粗陋簡單，住的房屋多是狹仄的，吃的飲食多是粗糙的。他們因爲米糧太貴，大家多以蕃薯煑粥，以爲食用常品。

至於穿的衣服，多半是短衣窄袖，不特貧苦人這樣，就是有錢的人，亦復如此。所以雖擁有巨大家產，往往外面一點看不出，這也是他們的特長。强悍和冒險的精神，更是他們的特性。往往因一言的不合，卽至動武，在廈市上亦常看到。到了貧困的時侯，甯爲盜賊，却不向人乞憐，所以廈門人作乞丐的很少，而土匪刼盜，其多如毛，這也是民性强悍的表現。

廈門之經商者，以販海爲利藪，視汪洋大海如衽席，南到南洋羣島北到甯波上海天津錦州，東達台灣。他們從廈門出口，每年不下十萬人，每年擁巨資和寄錢回國，亦復不少。華僑之中，很多爽直誠懇急公好義的人，如設立學校，捐助公益事業，都肯解囊幫助。廈門大學和集美學校，便是華僑陳嘉庚創辦的；正在建築的平民工廠，便是華僑胡文虎捐資創辦的。

廈門人民的習俗，好處固多，然亦有足批評者。

(1)喜養義兒假子，我國素重宗法，崇尚血統，每以異姓亂宗爲恥，而廈門（其實可說是全閩）獨不然，雖詩禮之家，也養義兒假子，視若己生，非但以承宗嗣，且以强宗族。雖有嫡子多人，還是廣買螟蛉，因此人口買賣的風氣，要爲各地冠。土匪以之掠刼幼童，拐販以之略賣子女，離人骨肉，不可勝計。查其所以不恥異姓亂宗，其原因有二：一是廈人風好械鬥，每以族大丁多，而生息不蕃者，慟己族的遭欺，遂不計及血統，嗣異姓以爲後，且以多多爲善。因如是則可轉弱爲强，而圖報復。二廈人多好遠涉異域，以謀生計而留妻室於故鄉，婦女未生育，寂寞無聊，每嗣義子以自慰，幼小既可承歡膝下，長大亦可助理家政，較之借助他人，實爲得宜。論者以爲購買兒童作子，待遇極優，那貧窮的人，亦樂爲此。誰知那略賣兒童的大都少有人性，當他被擄掠拐誘之後，怕奸謀的洩漏，對於兒童，必先大肆鞭韃，百般虐待，然後使他怕威馴服，任其擺布，而兒童的天性，因而戕失殆盡，神經蒙莫大損失，即是長大成人，也不能百所造就我曾見有被拐賣給人的兒童，面目固然清秀可愛，而舉動癡獃，迥與其面貌不同。問以任何事物，他都以『不知』對。

（2）多畜婢妾　畜婢之風，雖全國如是，而廈門亦爲特盛。去年七月廈門市公安局奉令禁止畜奴養婢，据戶籍事務所調查結果，全廈養婢者計一千六百九十六家，成年者計八百五十四人，未成年者計一千七百二十六人。（查該表內，所列養主名單內，有一家養婢十餘人至二三十人之多者，如黃世金養婢二十六人，王瑤卿十二人，盧飞章十一人，邱世定十人，卓延禧十人，洪萬敏九人，陳耀焜九人，其餘養婢五六人至三四人亦極爲多數。）觀上面統計，廈門畜婢之多，可見一斑。至婢女被虐，投環服毒赴水者，報紙時有登載，其違背人道，更有甚於螟蛉子哩！

（3）託庇外籍　我們初遊廈門，每見高樓大廈，大書某某國籍民，好像是鄉村中懸掛扁額般，很是奇怪。詢問所得則廈人一般心理，都不以託庇外籍爲羞，上至社會聞人，下至煙蠹龜鴇，莫不以得作某國籍民爲榮。且有假冒國籍，以濟其惡的，國民心死莫此爲甚。若以我國國民，或因領土割讓，或因生長異域，因而喪失國籍情有可原；一旦重回故國，自當湔洗前辱。可是在此地所謂籍民的他們會轉藉外人勢力以欺侮國人，與人發生爭執，動不動就引領事裁判權，而就質於領事，而外國領事亦利用籍民以作惡。故廈門福州兩地，懸掛外牌的煙廁不下千家，而殺人越貨，作奸犯科之事，都是籍民所爲，這不但是中華民族的羞恥，也是地方治安上一個很大的障礙。

（4）大姓覇佔碼頭　我們初由廈登陸，卽有船子收索船費，一人由幾角索至數元不等，廈地工資，並非如此昂貴，据熟悉碼頭情形的人說：舟子所得者，寥寥無幾，大半都供諸族長。廈門有所謂陳吳紀三大姓者，恃其族大丁多，欺凌弱小，官廳亦莫奈他何。故凡水上交通和沿岸碼頭，都爲他們所壟斷，凡經厦門的都受此虐待苛索，這也可說是封建勢力的殘影。凡內地各縣，亦各有其大姓在，族丁少的，備受魚肉，而含寃不可伸：恍如少數民族處強大民族之中。我國姓氏，凌亂已極，婚姻互通之後，則吾人血統中所含始祖成份，已微乎其微。徒以一姓之同，而視異姓爲仇讎，卽以中表之親，若遇械鬥之時，亦無顧惜，這是多麼愚蠢啊！

厦門婦女的生活，除了特殊階級的婦女以外，普通的婦女大都是操持家政的（裁紉，炊爨，養育子女，挑水，買菜，洗衣）。倘丈夫在外做生意的，那就要兼任內外了。至于漁家的婦女（厦門在海的中央，所以也有以捕魚爲業的），還有料理特殊的職務，如剝蠔洗魚之類。此外還有一種勞動的婦女，她們以做脚夫的爲多（現已無見），挑挑担子，賺幾個血汗錢。她們和男人一樣的勇健，而且很有團體性，我每次看見她們挑担，總是三五成羣的。頭上包着黑漆的油布，有的還插着三條簪，穿着黑色的衣服，腰間束條烏帶，赤着脚，一個個都雄糾糾的，然而她們每天所得的工資，僅可維持自己的生活。她們除挑担以外。還有幫做泥水匠的，幫人種田和種菜的。

廈門婦女的地位，無論是富的或是貧的，她們在社會上的地位是一樣的較男性低一級。在經濟方面看，那末，貧家婦女因爲都能出去做苦工，扶助她的丈夫，所以夫婦間的地位，也許持着平衡。然而平衡雖平衡，而同在資本勢力下做着奴隸，還是乖可憐的低一級呵！資產階級的婦女，她們是度着舒適而奢侈的生活。有金錢給她們揮霍，有洋房給她們蟄居，有婢僕給她們使用，雖然是低一級的做着資本家的消遣品，但再也沒有提拔自己尊重自己的决心。她們甘願這樣豪奢的度過一生，這樣的做着男人的玩物度過一生！

廈門婦女的裝飾，很是有趣。如果我們在街上跑，便很能看到僅可糊口的婦女，替人做苦工的傭婦和勞動的婦女。看她們並不是蹀蹀于洋貨店，或者什麼綢緞店，都不過在雜貨店，或者在賣魚蝦賣肉的攤子上，買些預備三餐的蔬菜罷了。她們所穿的一身，大概是着色洋布做的，不大合時式的短衫褲，並不着裙；脚是除了冬天都跣赤着，踏雙木屐；頭上蓬鬆的髮也不過打了個髻便算了。她們對于美觀是不很講究，也許是沒有錢求講究吧！

(一)勞動婦女的裝飾，很是不同，她們的身軀，為了工作的關係，與男人一樣的勇健。她們全身的衣服，四季都是黑色的，上身的黑衫可以沒膝，褲是不長不短，脚是跣赤的，不穿木屐，也沒有穿草鞋，這樣簡陋而樸質的裝束，我們半常見到，並不能引起注意。她們頭部的裝飾，却很有些特別，前額是罩着一塊漆黑的油光布，遮沒了半截臉容，這大概是在工作的時候來抵抗太陽的炎熱。尤其使人驚奇的是腦后插着三把鍍銀的刀，兩隻耳朵掛了一雙像我們通常掛帳的帳鉤那麼大的耳環。

(二)資產階級婦女的裝飾，那就很難說了，她們身上光怪陸離的衣服，總不外乎紅綠綢緞，也有黑的黃的或白的，總之我說不清楚。然而衣服雖是華麗而且妖豔，却是多不合時式，髮是梳得光光，腦后還留着個橢圓形的髻兒，並且戴了金銀珠寶的首飾。太太們的脚，也有大小之分。大的是天足，大概是穿高跟鞋的；小的是纏足，穿着小巧的尖頭的緞鞋子，鞋跟還要塡塊很厚的紅漆木頭。

(三)女學生的審美的程度，超過沒有受過教育女子，所以不像資本家的小姐太太們的越穿得豔麗便顯得越醜，她們的裝飾，可分兩端：一是「色」，一是「香」。前者是利用別人的視覺的，好像暑天穿的是全身白雪亮，令人注視她的烏穆穆的髮兒，冬天穿着紅綠相間的旗袍之類，遠處就叫人家顯明的看到誘人的顏色。後者是利用別人的嗅覺的，這便靠抹斯丹康，擦胭脂等在我見所未見的東西。女學生的頭髮大多是剪掉了；脚不成問題，自然天足；然而胸脯依舊是緊緊的紮着；粉是還要敷，胭脂間或要打——自然不是沒有例外，其他等等我不很知道了。

廈門的女學校，倒並不少，大概初級中學以上的女學校四五所，此外還有男女兼收的中學大學和專門學校。在學校裏的教書或讀書的婦女，我們稱她們爲教育界的婦女。廈門以教書爲職業的婦女，在學校裏，倒佔得些勢力，大概每個小學裏都喜歡請一兩位女教員的，間或一校五六個七八個亦有的。在學生方面，似乎從十六年革命軍入閩後，對於求解放求自由的熱度更高，可是在廈門，舊禮教的勢力還是存在。談到社交，此路現在還是不大通，間或有胆子大的嘗試，並沒有什麼好結果，卽不給學校當局所指斥，也就會給社會所譏評，這數千年來祖宗制定的禮教，正像鋼鐵練成的樊籠，囚着這輩男女！

末了，略提廈門婦女的迷信吧。所謂迷信，是指拜菩薩，燒香等而言。廈門香火興旺的佛廟有二三處，如南普陀寺，碧岩寺等。在陰歷元旦，每月的「初一」「十五」以及佛爺們的誕辰，都是極熱鬧的。她們這種迷信心理，也有貧和富的區別。貧的婦女拜佛的心愿，大概是以爲這世做人未免太苦，只望來世能？所以把香紙燭燒起來，三跪九叩首，這套練熟的把戲做完便算了。可是太太小姐們並不能這樣簡單，聽說除了燒香之外，還兼做慈善事業。這慈善事業便是拜完佛爺之後，坐在黃包車裏，便一路撒沙般的從車上斷斷續續的撒出許多銅元，給一路伺候着的乞丐們(？)所以她們的心愿，除了來世還想一樣的享福之外，這世也應該長生不老，子子孫孫也一樣的多福多壽！

第四章　厦門的重要問題

綜觀上面所述，可知厦門在地理上，歷史上，都佔很重要的位置。牠目前雖然受了世界不景氣的影响，呈露出衰敗的現象，但將來的發展是不可限量！此後我們應該注意的還有下面的幾個問題。

第一節　收回鼓浪嶼公共租界的問題

總理臨終時，其遺囑中所殷殷垂諭我們同志同胞的就是「廢除不平等條約」。而租界乃不平等條約中最厲害的一種，當然亦在應廢除之例。鼓浪嶼因爲地小位僻，幾乎無人注意，但凡是中華民國的領土，無論牠地域如何的狹小，位置怎樣的偏僻，我們都不能輕易讓人，所以收回鼓浪嶼公共租界是急不容緩。

民國二十年一月，外交部乘廈門英租界交還（？）之際，曾分別向有關係各國接洽，但各國藉故延擱，至今尚未解决。縱然牠的成爲特種制度是根据條約，但依「情勢變遷，條約解除」，也是國際上的慣例。我們政府能不能收回鼓浪嶼公共租界，這是個値得我們注意的問題。

第二節　國防上的問題

廈門是我國南部沿海要港之一，在國防上的地位也是重要的。廈鼓之地，古來卽占重要。我們從歷史方面看來，如籌海圖編說：「明嘉靖間，參將玉麟擊倭寇於此，賊乘潮逃去』。又泉州府志：『鄭氏（按卽鄭成功）嘗頓兵築寨」於鼓浪嶼。到了明朝，在海防上，也沒有汎地。到了現在，國際關係日形惡化，此地更不可忽視。鼓廈之間，不但水深可容巨艦大船，而且沒有風浪，是個良好的軍港。

廈門和台灣在地理上最爲接近，自台灣屬日以後，廈門地當要衝；同時日本的所謂南進政策，又無日不在進行之中。東鄰帝國主義者對於福建已是垂涎三尺，而廈門和鼓浪嶼乃是福建的門戶，也是中國南部的咽喉；假使能夠設備周密，不但廈門一處，福建一省而已，卽華南一帶亦可以無虞。故廈門在國防上的重要，也是注得我們注意的一個問題。

第三節　處理籍民的問題

廈門因爲是條約開放的商埠，所以外國僑民特多。我上面（第二章第三節人口）已經說過，英美法葡西日等國籍民中佔最多數的要首推日本。以廈門總人口來計算，牠已佔去四分之一強了。又据本年五月十日江聲報載，台政府已經決定自本年六月一日起，所有台人赴中國各地者，一律免向政府領取護照，可以自由出入。六月一日以後，台政府移民政策實施，台人來廈者自必日見增加，這是預先敢斷定的。

他們在廈門市面上所表演的是那些把戲呢？凡是注意廈門報紙的，都知道淸淸楚楚。据調查所得廈門每月至少也有二三件把戲表演，以其性質言，刑事多于民事；以被毆的人民言，則官長多于市民。事情鬧得少的話，僅影響到局部市民一時的驚恐；若是事情鬧得大的話，竟至影響到全市的擾亂。故今後如何處理籍民尤其是台灣人（專指那裏面的少數不良台人而言），以維廈市的治安，這也是一個很嚴重的問題。

第四節　交通上的問題

大家都以八閩貧瘠，其實不然。以言礦產，則龍岩的煤，蘊藏極富；長汀的鉄，品質極佳。以言工藝品，則興化的瓷器，堪與景德頡頏；連城的紙，較諸宣城相埒。永定的條絲，全國嗜好；興化的龍眼，遠近馳名。若荔枝波羅之屬，都足以銷行全國，凡此種種，人所共悉，然地下礦物，未經探採的，還是多着呢！何以實業不能發展呢，交通不便是其首因。

例如龍巖的煤，掘地數尺，即可取得，但不能運輸龍巖之外，所以廈漳各地，不得不以薪爲炊，以油渣爲發動機器。長汀的鐵，採鍊成鋼，既堅且韌，奈汀河淺小，不便行船，縱有大規模的冶鑄，不能運銷漳廈各屬。他如連城的紙，德化的瓷器，品質雖好，而都是手工業，其所以不能多量生產者，也是運輸不便的緣故。因爲各地物產的關係，漳廈鐵路應積極使其完成，各地的汽車路河道海港，亦應積極的開闢整理。在經濟上可以開發閩西南富源，可以暢流貨品；在政治上可以平靖地方，使人民得以安居樂業。至於漁業之利廈門亦富，近海以烏賊，牡蠣，周魚，反魚，黃花魚，帶魚，蝦等，遠海以昌魚，勒馬鮫魚，鯊魚等爲最盛，決不可置之不理，一任日人蹂躪我漁場。

第五節　工業化的問題

廈門地方不大耕田很少，所以農業無從發展，振興工業是目前唯一的途徑。但廈門工廠尙付闕如，地方經濟利益似爲外來貨品所吸收。年來失業者日衆（據二十年度公安局戶籍所統計，有職業的爲五萬四千二百九十六人，無職業人數的爲四萬三千三百四十八人。最近三年來雖無人統計，但失業人數的增加，當必無疑。）已形成社會上嚴重的局面。廈門經濟地位原極重要，將來漳龍鐵路建築完成，與閩西氣脈相連，都市日益繁榮，固在意料之中。故此後應利用回國華僑資本，從事各種工業品之製造，尤其是鐵工業，在廈門更是重要。因爲鐵工業是近代工業中最重要的一種，舉凡輪船火車飛機一切交通的利器，採礦築路開墾種植等的器具，他如日用化裝金電料的製造，都不出鐵工業的範圍，亟宜多建造工廠，以適應社會的需求，則不獨失業者賴以救濟，且不難獨佔市場與外來商品相競爭，更可以進而推銷海外，吸收南洋經濟利益，故以後應使廈門成爲工業化，這也是刻不容緩的。

附錄

民國二十二年至二十三年內的廈門商情

馮定章

廈門在我國商業上的地位，在華南各商埠中，如福州汕頭廣州梧州幾處比較起來，廈門是具有特殊性質的。廈門對外貿易，有最可注意的一事，就是進口額常超過出口額六七倍之外，例如民國二十二年它所運往國內各處的貨品，只是水菓，煙葉，煙絲，粉絲，紙張，砂糖等數種較爲重要，然而總共也不過値銀一百三四十萬元左右，可是它的進口貨物，除直接洋貨進口外，其由各埠運來的貨物，去年棉布達二百餘萬元，豆餅二百餘萬元，棉紗達一百餘萬元，麵粉達一百八十餘萬元，紙煙亦一百八十餘萬元，此外在一二十萬以上的，爲數亦數十種。在進口方面，多屬消耗品，這一批的進口貨價，全靠海外僑民經商所得以資抵償。在南洋商業興盛時代，旅外閩僑，年可寄回匯欵三四千萬元左右，然年來以世界經濟不景氣關係，海外華僑事業亦不振，寄回匯欵，因之大爲減少，且廈門近年來正從事於新的建設，可爲新興都市，一切正在發展之際，適逢經濟恐慌降臨，再加以政局之變更，捐税之增加，其影響於商業，大都呈蕭條景象。

金融狀況——廈埠爲南洋華僑出入要區，中外銀行計凡十家，錢業八十餘家，其營業以存欵儲畜爲主，南洋匯兌及各種放欵居次，發行兌換卷者，計有中國中南二行，流通廈漳泉一帶約三四千萬元。至於廈門的匯兌，向以南洋及上海香港爲大宗，年來南洋市況不振，僑商匯入匯欵，數目減少，故滬港二滙，同時亦受連帶關係，遂入於閑散的狀態。年來廈門地價慘跌，僅值七成左右，銀行不受抵押，錢業深感週轉失靈，去年豐餘錢莊，陷於擱淺，幸爲數不大，未發生嚴重影響。去年六月間，於金融上可注意的一點，即銅元融日市價暴跌，小銀角隨之影響，每元可兌十二角，銅元每元可兌三百枚以上。查其原因，係前某軍入閩，隨帶銅元拾幾萬元行使內地，溢出閩圍，兼之船頭行人，貪圖小利，陸續私運者不少，致市價愈陷下落，一般小販莫不叫苦。至八月中，赤匪竄擾閩西，漳泉謠傳紛起，富有者咸來廈鼓避難，此間旅社，一時幾患人滿，至漳泉金融各業影響所涉，對於存戶持取，亦加以相當限制，故本埠金融各業，因內地金融阻滯，殊欠活動，滬滙當然加高。

本市錢業，本與各行商有金錢來往的關係，不幸於上年赤匪佔据漳州的時候，放欵不能收回，以致資金擱淺，週轉不靈，遂致倒閉 至去年初，尚能照常開市者，統計有六十餘家，其中勉強支持，尚居多數，就是信用較佳者，營業亦屬平常，然在百業凋敝之中，獨能保持安定狀態，已是不容易了。在去年四五月以後，錢業雖無進步，然總希望恢復，大可進展，不料閩西又告旱災，再加以赤匪之進擾汀漳，金融界當然要受影響。至十一月間，又遭逢閩局更變，擠兌與提存同時發現於福州廈門兩埠，並波及泉州，幸當地中國銀行庫充豐富，應付泰然，否則又多一金融恐慌矣。當時滬港匯水奇高，但能有人匯款到上海香港去，或存入本地外國銀行的。在一年中，金融界經過幾處風波，因此錢業中收歇的，有李民興天南心記閩南裕餘四家，停業者有炳記乾豐，倒閉者有錦利金寶和兩家。

商業狀況——閩南一帶以廈門為進出口貨的轉口碼頭，同時廈門本地在產稀少，所以成為入超商埠。銷售南洋一帶的茶葉，其名為福建茶者，為本市出口貨物，其餘如莆田的桂圓，漳州的水菓，亦為出品，不過以廈門為轉口而已，再運銷國內各處。至於進口貨，多屬銷耗品，且多為洋貨，從廈門轉口而推銷漳泉一帶者，為數甚鉅。其他閩南各縣，如龍溪海澄南靖莆田等農產出品，以食米為大宗，年約出米數十萬石，故於進口貨中，對於營口的豆餅及香港的肥粉，為數最鉅，然閩南去年自入春以後，雨水缺少，成為旱災，以致田園壅土龜裂，無法下秧，以致秋收絕望，農村經濟，胥告破產，而本市米價，影響所及，每百斤漸由七元零高至八元左右，一般米商有鑒於此，紛向仰光一帶採辦洋米，仰光米商乘機將洋米向本市傾銷，約計五六十萬餘包，因此米價洋米反較土米賤，本地米商亦樂於採辦洋米，其大宗進口者，當以仰光安南爲大宗。在去年特殊情形之下，閩南各縣，因天旱收成不佳，洋米進口益多，竟達百萬担以上之數，我們閩省北部，如建甯邵武延平等縣原爲產米之區，往昔恆以所餘供給閩南，但到民國二十年共匪侵入，農村迭遭蹂躪，農田荒蕪，人民逃散，稻米產量銳減，洋商乘機以大批台米輸入廈門，貶價傾銷，以致歷年暢銷的蘇皖產米，已被排擠，迨政府開征洋米稅後，米商以未加進口稅後，價格已與土米相等，不如捨洋米而採購國產米，若以本省閩南產之米而言，因旱失收，其他稍有收成者，亦僅堪自給，所以採購國產米，均以蘇浙皖區爲本原。

線麵爲本市製品，歷年運輸仰光呂宋檳榔嶼各埠年約百數十萬計，故商業亦佔一部份勢力，近該商業，深受南洋市景不振影響，以致銷短價賤，積貨甚多，因之先後歇業者相繼。

本市各業，繫於市景閑散，綢緞業，木器業，咸以大廉價或大拍賣爲號召，綢布一業，虧本極巨，綢緞及布匹，大多數採自上海各布廠，及蘇杭綢緞業，其如洋貨布匹如嗶支呢絨等，則自香港採辦英貨，而在市面上最易暢銷者，反爲日貨，因日貨價廉，且有時冒牌爲英美貨，於是魚目混珠，日貨遂以暢銷。市民雖有抗日救國團之組織，但日貨仍照常進口，統計日貨銷數占全年各布疋十分之七，誠可驚人之數也。為推銷國貨計，惟有令各商人本各人良心，一致不進日貨，方為有效。其他購進英美貨品致受損失者，無非受外滙之影響，購進國貨者，則受統稅增加之累，更因政局變化，漳泉商民奔逃各處，以致內地銷路斷絕，放出帳項，無法收回，因而倒閉了，計有同源成記美友鴻生鴻章勝東新益發福華生等家，歸併者，則有大章瑞章恰美三家，其餘各號亦多虧本。木器業因貨品成本甚昂，內地銷路減少，即廉價出售亦無利益可言。

雜貨商業，於民國十七，十八，十九，三年間，每年平均營業總額在三百二十萬元以上。民國二十年則已漸露衰頹之象，至民國二十一年營業總數竟退至一百八十萬元，而倒閉收盤者，達七十三家之多，新開者不過二十家。至民國二十二年，即去年，營業更為不振，去年年底時，關閉者已有十四家，改業收盤者十八家，新開者僅五家，現雖有百二十餘家，其中不能維持者，尚居多數，其營業總數，竟減至八十萬元左右，退步之速，損失之大，實為可驚。此項商業，營業家數雖多，然規模甚小，開支既省，而反不能有贏餘，其原因一則社會經濟枯窮，一般人民購買力薄弱，二則類似花會之賭風，所謂十二支盛行於廈門，一般愚婦，趨之若鶩，平日節衣縮食，本可將有用之金錢，應用於雜貨方面者，今盡耗之於賭場，此賭風之不加取締，於雜貨業竟有如此之影響，更加有奸商走關偷稅等行爲，將雜貨削本爭售，亦爲該業失敗之一大原因。

交通方面——內海小輪，二十二年度之航業營業，虧耗極鉅，其原因一則南洋商況不振，往來僑客稀少，二則貨物運輸減少，三則海盜猖獗，如捷安輪，涵江輪迭遭騎刼，統計內海小輪營業之損失，達數十萬元以上，至車業方面，虧耗亦多，本市公共汽車公司，現雖照常營業，其實不過勉強維持耳。回顧一年來，廈門商業衰落不振的原因，我們歸納起來，大抵不出下面幾項。

（一）由於省政府的不安定，一年之中，差不多有數次改組，甚至如去年十一月中有一種叛逆的組織，閩北及閩南，都有軍事上的行動，結果軍隊徵調頻繁，常令民不聊生，廈門地處商埠，因軍事的苛擾，如銀行發生擠兌提存等風潮，人民非常恐慌，商業當然陷入衰落的境地。

（二）由於共匪的騷擾，年來我們本省閩北閩西以及閩南各縣各重要的城鎮，時常受共匪的焚刼，每有極繁盛的商業城鎮，一轉瞬而成爲焦土，此不獨影響於各該鎮本身的商業毀滅，並遠影響於附近數十百里全部貿易交通的斷絕，而且此種焚掠的結果，毀滅商業財產的價値甚大，例如上年共匪之佔据漳碼，去年夏間共匪之進佔連城長汀，均足以影響廈門的商業。

(三)由於世界經濟一般不景氣的影響，從我們廈門看起來，閩南各地土產，大半從內地運輸到廈門，然後再運送到南洋，以及歐美各處，今南洋各商埠既無銷路，當然廈門要受其影響。例如福建所產的茶，也是隨世界市場爲轉移的，近年世界經濟衰落，海外茶市無銷場可言，且要受到其他產茶國賤價傾銷的影響，因此內地各茶產市場，也就無出口可言了。

(四)由於銀根緊張，銀根爲什麽會緊張呢，便是本地銀行錢莊，對於一般商家，不願做放欵生意，商家資本，因此週轉不靈，小則足以使商家營業收盤，大則足以受迫而倒閉。銀行錢莊所以不肯放款買賣，當然於市面不好商家虧損頗多，金融機關，深恐受累，所以不得不特加愼重，這是一個大原因。還有一個原因，就是年來閩南內地農村衰落，再加以地方不靖，鄉村富戶均避居城市，資金遂而到城市中來，于是資金有向通商碼頭集中之趨勢。然而廈門雖爲通商碼頭，有時仍受時局不穩之影響、如擠兌提存種種風潮，於是有資產者，紛紛將欵項匯到上海香港方面去，根據去年廈門中國銀行統計，廈門滙出款項，在上海香港兩處，出超四千四百八十一萬元，數目不可不算大了。廈門本爲現洋碼頭，市商恐如此巨額流出，於廈門商情不利，爲嚴防現洋枯竭，所以有禁止現金出口的提議，然而去年在閩變發生以前，中央銀行曾裝現運滬有六百萬元之數，其原因大概是廈門對於現洋，沒有生意可做，不如將現洋運到上海，或有利可圖，中央銀行尚且如此打算，其他銀行錢莊，當然有同樣的趨勢，去年廈門對滬滙率，平均每千元加滙水九元以上，以致上海銀元不能裝運來廈，即有亦有不過是旅客所携的，其數是很有限的。

(五)由於苛捐雜稅的壓迫，及旱災的降臨。捐稅既重，則對於土產成本加重，物品出路就不免於滯銷，再加以外貨的大規模傾銷，如米，麥，紗布，煤炭等項民生日用物品，尤爲傾銷最力的貨品，凡是經營同種類國貨的商家，人人不免自危，毫無保障，結果本國產品既負重稅，再加外貨傾銷之累，誠苦不堪言了。去年福建省的旱災，損傷田禾，摧殘財產，不知多少，農民根本就沒有農產品出售，便沒有購買力可言，農村購買力既缺乏，在閩南佔据商業中心的廈門，當然要受影響了。廈門商業衰落的現狀，及其衰落的原因，已俱如上述，那末，廈門商業的今後將如何呢？當然我們是有希望的，所希望的第一就是福建政局安定，省內赤匪區域，早日肅清，使地方秩序恢復良好狀况。第二就是政府方面加緊建設工作，趕造公路，以利交通。關於福建通江西，浙江，廣東幾條鐵路，從速建築，并獎勵僑胞回國投資當然是要有保障的。第三就是希望銀錢業，能救濟農村經濟，在可能範圍內，貸款於農民，以期恢復農民購買力，果能如此苦幹下去，厦門的商業，自然可以一年一年的進步了。

（轉載自厦門大學十三週年紀念專號）

厦門各級學校概況表

（甲）高等學校

校名	校址	校長姓名	教職員數			學生數			常年經費		備考
			男	女	總	男	女	總	歲入	歲出	
厦門大學	厦門港演武亭	林文慶	79	7	86	676	87	763	287.075	312.902	兼設高中學生包高中

（乙）中等學校

校名	校址	校長姓名	教職員數			學生數			常年經費		備考
			男	女	總	男	女	總	歲入	歲出	
省立廈門中學	玉屏書院	莊奎章	21	1	22	136	32	168	22.380	22.380	內8424為建築費兼設高中
省立職業中學	美仁宮	陳宗英	20	6	26	42	49	91	23.334	23.334	兼設高中
私立同文中學	望高石	陳瑞清	41	0	41	320	0	320	58.798	58.798	兼設高中教職員及經費包括附小
私立雙十中學	箭場仔	黃其華	20	2	22	226	49	273	21.600	21.840	兼設高中
私立大同中學	靖山頭	楊景文	20	0	20	178	33	211	13.860	12.992	
私立英華中學	鼓龍井坑	沈省愚	26	0	26	362	0	362	26.449	26.449	兼設高中
私立中華中學	麒麟山	王連元	25	2	27	182	21	203	9.340	9.560	
私立閩南職中	鼓和記崎	葉谷虛	14	0	14	80	0	80	3.315	3.315	
私立僑南女中	四季園	黃寶玉	7	6	13	0	69	69	5.578	5.574	

私立毓德女中	鼓東山頂	邵慶元	7	14	22	0	254	254	35.000	35.000	兼設高中
私立慈勤女中	鼓三坵田	林崇智	15	4	19	0	87	87	23.700	23.700	兼設高中
私立養元中學	鼓浪嶼	張芝麟	16	0	16	90	0	90	5.400	5.340	未立案

(丙)初等學校

(一)縣立小學

校名	校址	校長姓名	教職員數			學生數			學級數		常年經費	備考
			男	女	總	男	女	總	初級	高級		
普育實驗小學	鼓岩阿頂	徐址安	10	3	13	258	67	325	4	2	7.920	
大同小學	賴厝埕	伍遠賫	16	5	21	579	128	702	7	4	11.680	附設幼稚園
玉紫小學	靖山頭	陳志倫	9	5	14	268	104	372	3	2	5.760	附設幼稚園
紫陽小學	廈港紫陽街	陳玉琮	13	3	16	164	50	214	4	2	3.000	

競存小學	高井欄	李　禧	12	4	16	216	41	257	4	3	6,792	
崇實小學	二舍廟	楊昌國	15	2	17	427	117	544	4	2	8,176	
吉祥小學	皇帝殿	陳維純	7	2	9	159	46	205	4	0	5,088	
蒙泉小學	禾山江頭	傅曉村	8	4	12	77	49	126	4	0	3,400	
鴻麓幼稚園	普祐殿	陳淑謙	1	3	4	21	24	45	2	0	1,680	
試驗單級小學	頂大八	章　晃	1	0	1	19	8	27	3	0	840	

(二)私立小學

校名	校址	校長姓名	教職員數			學生數			學級數		常年經費	備考
			男	女	總	男	女	總	初級	高級		
崇德小學	霞溪仔	孫印川	10	6	16	156	145	301	4	2	3,660	
勵志小學	靖山頭	陳桂琛	7	4	11	55	61	116	4	2	1,218	

鰲崗小學	朝天宮	林志林	11	2	13	185	43	228	4	2	4.424	
羣惠小學	麵線埕	林士麟	8	11	19	67	259	316	5	2	7.774	附設幼稚園
大中小學	內水仙	邱棨湖	11	3	14	222	53	275	4	2	4.360	
世德小學	霞溪仔	吳淞波	9	2	11	129	30	159	4	1	1.748	
延陵小學	將軍祠	吳幼藴	7	0	7	127	35	162	4	2	3.252	
閩南職中附小	菜媽街	莊英才	5	6	11	95	83	178	4	2	1.410	
集友小學	百家村	吳萬鎮	7	2	9	111	36	147	4	1	1.986	
龍山小學	後廳衕	曾鑑堂	12	2	14	296	80	376	6	2	5.120	
廈大實驗小學	大橋頭	黃傍桂	9	2	11	126	54	180	4	2	5.412	
清河小學	大埕頭	張柏炘	8	1	9	123	27	150	6	1	2.948	
民立小學	梧桐埕	葉思忠	4	4	8	98	62	160	3	1	1.840	

漁民小學	魚行口	歐陽治	9	3	12	206	44	250	6	1	3.600
雅化小學	傅厝墓	李憐憫	10	3	13	112	147	259	4	2	4.500
潯江小學	打鉄路頭	吳在橋	7	0	7	87	15	102	4	0	2.100
毓英小學	頂釋仔	許哉華	4	3	7	82	47	129	4	2	1.760
思明義務小學	思明東路	吳克堅	13	0	13	287	27	314	1	2	2.304
八道小學	土堆	陳彬森	9	1	10	115	30	145	4	0	1.120
桃源小學	小走馬路	陳崇禮	11	4	15	264	69	333	4	2	5.972
閩海小學	吳厝巷	陳鴻翔	8	1	9	67	16	83	4	2	2.400
仝民小學	鐘樓脚	江陳詩	11	3	14	183	101	284	4	2	5.600
勵德小學	虞朝巷	陳極星	8	3	11	74	61	135	3	1	2.800
厦門小學	太平殿	高選鋒	6	3	9	76	27	103	4	1	2.400

城內小學	西庵宮	楊天培	5	3	8	186	28	174	4	0	1.5442	
壽山小學	育嬰堂	呂春修	4	4	8	75	18	93	4	0	1.260	
福民小學	鼓和記崎	葉谷虛	17	6	23	489	27	516	4	2	10.676	
光華小學	鼓內厝澳	孫家壁	5	3	8	123	23	146	4	1	2.120	
毓德小學	鼓田尾	邵慶元	1	17	18	0	299	299	4	2	5.550	
殿前小學	禾山殿前	陳寶森	7	2	9	140	47	187	4	2	3.474	
培英小學	曾厝垵	林世滄	5	1	6	77	31	108	3	0	1.018	
禾山小學	禾山呂厝	江漢民	6	1	7	130	52	182	4	2	2.574	
祥坫小學	禾山祥坫	陳通	7	1	8	87	53	140	4	1	3.328	
奎璧小學	禾山蓮坂	葉錫經	6	0	6	123	58	181	4	2	1.440	
侯卿小學	禾山後坑	葉長庚	6	0	6	51	34	85	2	1	1.044	

培三小學	禾山湖邊	林少邦	3	3	6	40	12	52	4	1	1.692	
養元小學	鼓鹿耳礁	林山	12	1	13	260	0	260	4	2	7.750	
英華校友小學	鼓龍坑井	陳兆麟	7	8	15	296	10	306	9	0	4.300	
懷仁小學	鼓烏埭中	吳著盔	5	6	11	0	39	39	2	0	4.000	
懷德幼稚園	仝前	陳淑華	2	13	15	240	75	415	3	0	5.400	
雲梯小學	禾山前埔	劉澤春	9	2	11	113	23	136	4	2	4.972	
仰范小學	澳仔	許幼華	13	2	15	120	40	160	4	2	3.300	
河東小學	禾山庵兜		5	0	5	50	17	67	4	0	650	
吳倉小學	禾山吳村	陳筱騰	12	1	13	87	30	117	4	1	488	
宗文小學	竹樹腳	施佩蓉	2	7	9	102	66	168	3	2	2.400	
鼎玉小學	溪岸	林揚輝	6	4	10	132	62	194	4	2	3.080	

附錄

樹八小學	溪岸後河	楊清江	8	0	8	198	63	261	4	1	4.000	
粵僑小學	小走馬路	魏飛峯	4	1	5	14	19	33	3	0	3.666	
鷺江幼稚園	刣狗墓	任希元	0	3	3	40	23	63	2	0	3.345	
培英幼稚園	竹樹脚	施佩蓉	0	5	5	70	42	112	4	0	1.380	
美術學校	中山公園內	黃燧弼	12	2	14	49	6	55	4	2	9.120	
同文中學附設小學	望高石	陳瑞清	22	0	22	170	0	170	0	5	2.760	
厦南女中附小	虎雨漏	廖秋史	3	7	10	87	48	135	6	2	4.080	
慈勤女中附設小學	鼓三坵田	林崇智	8	7	15	30	119	149	4	2	6.090	
僑南女中附設小學	外清	黃寶玉	8	11	19	152	161	313	5	2	4.830	
敎孺園	鼓鹿耳礁	吳清華	0	7	7	82	52	134	5	0	1.099	
益善小學	禾山板上社	陳振福	4	0	4	50	6	56	4	2	660	

▲說　明

本表係根据思明縣教育局二十二年度下學期各校校務概況表編製而成，校名欄上有「×」符號者，其教職員數學生數常年經費數各項係根據思明縣教育局二十年度上學期之視導報告，截至作者付印之日，各該校校務概況表尙未塡報到局，各項數目雖有出入，諒不至相差甚遠。材料比較稍舊，這是一件很抱歉的事！至於視導報告未列及最近新設之中小(包括已立案和未立案)學校，均未列入表內。當調查時，蒙教育局督學賴風藁及雙十校長黃其華二先生幫忙特多，謹附此道謝！

勘誤表

誤	正	頁數	行數
（一）目次			
璋定	定璋	四	九
（二）序			
「民國」下掉一「廿」字		七	十一
部南	南部	十四	十
觀，	，觀	十五	二
先主	先生	十六	五
（三）第一章			
此	比	六	三
各	合	七	十一
（四）第二章			
藉	籍	十一	一
慓	慄	十一	二

令	今	十一	四
抱攬	包攬	廿三	三
雞	雜	卅八	二
彌勒樓	彌勒樓	卅二	二
遺	遺	卅三	九
嶼列	列嶼	卅四	二
(五) 第三章			
現像	現象	卅六	七
握	據	四十五	四
鋪	舖	四十六	五
艘	艘	六十一	十
費經	經費	七十四	八
平潭縣佔下掉一「百」字		七十五	一
(六) 附錄			
蝸	融	一	十二

中華民國二十三年八月初版（一——一〇〇〇冊）

新興的廈門一冊

每冊定價大洋肆角
外埠酌加運費匯費

編著者 沙縣茅樂楠

發行人 南平蕭惠民

印刷者 廈門棋杆巷 萃經堂印務公司

代售者 廈門中山路 良友圖書公司

厦門述略

權作厦門鄉土教科書用

編輯大意

一是編所述宗旨。欲兒童知廈門地理，歷史，古蹟，風物。並風俗美惡，應興革之方鍼。其文法淺顯。欲兒童知作文之段法，筆法，句法，易於學步。

一是編程度宜於國民四年，或高小一二年之用。全篇計分作二十三課。附採格言○學問，存養，持躬，攝生，敦品，處事，接物，居家，從政，惠吉，悖凶，計十一課。全部統共三十四課。

一述文詳考里居，地脈，山川，名勝，人物，以重鄉土價值。

一述文表揚古今賢人君子善於建設有公益心以作兒童模範。

一述文敘明末清初至民國時。治亂興衰，居民所遭禍福。以資學者考鏡。

一述文評論人情，社會，路政，學風，及農工商務。以冀改良風化，振興實業。

一附集格言十一課，欲兒童既知鄉土，亦知所以立身，蔚成偉大人物，能爲鄉土增光，又有化亂爲治，富國強兵之計劃，名曰固國芻言，候再續刊，

廈門述略共二十三課

第一課

廈門島居海中。不通陸路。原屬同安糖。迨民國二年。改為思明縣。乃漳泉之咽喉。閩南之巨鎮。南洋華僑出入之門戶也。溯自唐時陳邕與李林甫不協。被謫入閩。先建南院於漳州。其子夷則因睡夢隱田禾。（時夷則任唐光祿大夫因父邕病召漳乃辭職而垂尚有戒心）遂挈眷遷入島中。維時一片荒埔。絕無宮室。獨自結茅以居。（先結茅屋在今陳寮鄉）故曰嘉禾。

第二課

明初分中左二軍鎮其地。又名中左所。其島多白鷺。故亦名鷺島鷺江。四方相距各三十里。人烟稠密。（現廈嶼人口

七萬八千餘禾山男女三萬有奇）

島嶼縈迴。前後有浯州、鼓浪、烈嶼、海門、寶珠。星羅棊布。東出大担金門、可通澎臺。東南皆大海、遠通外洋諸國。由鼓浪嶼西駛七十里、到海澄。又四十里、抵漳城。北由大石湖舟行七十里、到同安內港東北行三十里、抵五通。過渡往泉郡。即福興大路也

第三課

其廈島發源。則自文圃山蜿蜒而下。至金牌門渡海而來。明太祖二十年、命江夏侯周德興建城於此。號曰廈門城。此廈門之名所由起也。其城週圍二里許。歷代有武將營兵駐其間。人民亦有與之共處焉今各城門已先後毀去。議將全城折平矣

第四課

其名山勝刹。則有陳夷則所建覺性院。(院近高崎鄉、乾隆間同安縣令張荃捐資重修之) 陳洪毅所建雲頂巖。陳肇所建南普陀。(昔名普照寺平施琅重修改之) 陳儔所建虎谿岩。陳仕通所建萬石岩。陳光著所建白鶴岩。陳黯所建白雲岩。陳天鍾所建白鹿洞寺。是皆有幽邃清麗磅礴之巨觀也。然其勝蹟。則以雲頂、南普、白鹿爲最。

第五課

雲頂巖日出可望。雞鳴時、遙望海底。日如火輪。鄭成功鎮金廈時。築觀日臺於其上。以覘兵船之出入。得預籌防焉。石洞內別一洞天。多刻古今名人詩賦於石壁。並刻其年月姓氏。墨蹟昭然。每歲重陽。厦禾騷人墨客。富商巨賈。共約登高。重趼遊乎其間者。不絕於道。一登臺上。俯視同安金門。瞭如指掌。其山之高。爲全島衆山冠。其琳宮梵宇。布置頗周。住持浮屠。招待亦摯。宜乎一覽以爲快。洵爲鷺江之名勝矣。

第六課

南普陀后有峯巒屏列。大石嵌崆。其下虛敞。花果成林。左如鐘、右如鼓。前向海天。雲樹青蒼。地甚寬曠。近海有演武場。今陳嘉庚與其弟敬賢。建築大學校。亦在斯焉。該寺係自唐時陳肇建之。至清康熙丙子。靖海將軍施琅。重修舊制。迄今殿宇聳翠。巖僧衆多。又得瑞頂轉塵

轉逢三住持。後先繼續募捐修築。顧瞻寺貌。規模閎敞。氣象峥嶸。朝夕鐘鼓之聲頻聞。爲廈島中一大叢林也

第七課

若白鹿洞寺。山環水抱。后殿自昔改爲朱子祠。至民國七年。重新石樓前殿仍祀釋迦。其堂宇稍卑。現由禪師覺斌募捐建築。美輪美奐。氣象一新視昔之所造。有發皇而光大焉者左之山麓有石泉水。前後二口。其泉均自石罅中流出。雖天旱泉亦不竭。其水之清甘有力。爲廈島中稱第一泡佳茗者必取用之泉上有巖曰石泉巖。該水自昔售錢。原定以供石泉白鹿兩寺香火之費。

第八課

迨石泉巖倒廢。全歸白鹿洞僧一手收用。致被日籍僧人名天品。就此二口之泉水盜賣。並此山寺幾被籍民估去。經思明縣王震豐出爲交涉劃淸。而省議員黃廷元、乃邀前商會總理林爾嘉。仝出貲公同贖囘。存案於思明縣。以永作該寺祀業此好山得好水。而名益彰也。洞口有達觀園。通於葉氏頤園。並有馬氏宜宜山館。通四季花園。及陳氏遂園一帶綿連爭妍鬥翠。無花不有。無果不備。池亭水閣。石洞樓臺。亦燦然奪目儼然一厦島之公園也

第九課

厦門以地靈人傑。逸士高賢。代不乏侶。唐有陳黯者。十

歲能詩文嘗十八科不第。號曰場老崇祀鄉賢登郡志。居金榜山。著稗政書（續書二卷四十九編宋朱熹任同安主簿時校其書而爲之序）築篔簹港釣魚磯。又有薛令之者居薛嶺亦以名士稱。（令之唐學進士任東宮侍讀與陳夷則之子孫始居禾山人稱爲南陳北薛）宋熙寧中邑尉張翥。詠嘉禾風景詩有曰衣冠陳氏族。桃李薛公園。塲老遺文古。巖僧舊跡存。苔磯荒蹟岸。金榜動瑤琨。已憐松獨異。又喜石能飜（此石在篔簹港口形正圓每潮至能自翻動）

第十課

迨明季天啓甲子以後。朝綱不振。海盜縱橫島嶼之間，武夫健卒。遍地而興。時鄭成功父子起而兼併之。遂擁衆數十萬。欲以中興明室。保我漢族子孫黎民會康熙癸卯歲。清命督臣李率泰、帥師來攻、成功因其將吳桂羅士鈐等投降。力不能支。遂遁臺灣時鷺島赤地者十六年。（舊汀志載嘉禾斷人烟即此時也）大有燕巢林木之慘象

第十一課

至甲寅滇黔楚粵兵動。成功同其子經。復乘間西渡而來鳩集人民。再修城垣設立街市貿易之肆。撫流離而安稼穡不數年間。居民叢雜。烟火萬家大有日新月盛之勢至庚申清命督臣姚啟聖又來攻。緣黃瑞、張雄吳國俊等內叛。成功再遁臺灣時民心厭亂雖不敢挺而走險。尚有草木皆兵之驚惶也

第十二課

淸乃命萬正色轄五營。以水師提督鎮之。衙署建城中。及癸亥乃奪澎臺。廈門道署建廈港后。迨道臣移駐臺灣。改爲廈防廳衙署移泉同知守之。至丙寅。開海禁通商賈。施琅乃請設立徵稅館於戶部。(施琅請於朝派戶部郎中雅琦駐廈徵稅今之戶部卽海關舊署也)佛祀則重修水仙宮。城中新建關帝廟。西關外新建天后祀。又創立義學。以興學校。從此樓屋日增。商業日盛。

第十三課

迨乾隆十六年。重新玉屏。至道光六年。重新紫陽。(兩書院月課試十皆有獎給)厥後文風大振。(如翰林林鶚騰葉大年等)武將亦多(如操鎮邱良功陳化成陳世忠陳勝元吳等)立功立德之英。見重於時者。難以杦舉海關重新海后。商會聯結十途帆船輪船之貨。出入廈口者有如織梭巷舞衢歌。家給戶足不獨譽闔爭居是地。即湘杭贛粵。亦多往來居貨行賈者以至寸土寸金。開山塡海以爲樓市。聚數十外國之貨。以爲交商繁華富庶之盛。都邑人文之美。已亘千古未見之隆也

第十四課

及光緒卅二年。科舉廢。學堂興。首以玉屏改爲官立中學校。有王藹堂捐資萬兩充之。任孝廉周殿修爲之長。繼有孝廉方正陳瑋出爲創辦公立中學。附設競存小學又有陳友志黃翰卿創辦公立小學。(今之崇實)楊景文

黃復初創辦大同小學。黃世金創辦鴻鹿小學。同時有時敏、(今之養元)紫陽、吉祥、普育、寶善、續辦公立小學者計九所。而禾山則有孝廉黃瀚與林在田發起捐資以辦甲種商業學校。林珠光獨力創辦雲梯中小學校。廖成力、獨力創辦退思高小學校。其餘家族開設小學者。猶甚夥也

第十五課

至若未廢科舉時。先有外國學者。如同文、東亞、英華、三書院。又有旭瀛小學、美華、尋源兩中學繼之。課士或以英文。或以日文。均兼算術漢文。其造人材亦頗宏也。他如女子與幼稚教育。則有教會林本揚、黃植庭、莊英才

等。後先創辦女子師範。暨女學校幼稚園。是爲女學發達導其先也。

第廿六課

嗣有孫印川、出洋捐資以築教育會所。及崇德女校舍。有雷一鳴出洋捐資以築女師範。兼小學校舍。有陳振元倡辦桃源中小學。陳金芳創辦中華中學。陳桂琛慕資開設勵志女學。莊希泉創辦廈南中小學。馬僑如提倡組辦雙十商業小學。柯孝灶李雙輝周幼梅等發起創辦義務學校。且有部主事周殿薰與廈道尹陳培琨發起捐資建圖書館。其餘集資開辦育才學校。中西學校、及小學校者。猶難勝數也。至此男女學校、已如林立。

教育機關亦稱完備。若能注重實用之學。以禮義爲本根。以文藝爲枝葉。以勤儉爲結果。自免有游民之障礙矣。

第十七課

若禾山地面周圍滿百里。除石山墓墳宮室外。宜於農業者。不下六七十里。其土質肥沃。水源流通。皆種植牧畜之宜也。或栽竹、果、蔬菜、及五穀。或畜牛羊豚馬及雞鵝。利甚鉅也（動植物要並育乃能互相滋養）又有里居附近海灘。以之株蠔、種蚶、種蟶。地亦甚宜。其利更爲靡窮。而乃土地多任其荒蕪。海灘多棄爲無用。何哉。原其故、蓋由於上無農政。而下無農學。致農業窳敗。禾民多相率出洋以謀生僅存小數者。罔知向外採其佳種。與夫土宜肥料灌溉培養之改良。幸而年來陳嘉庚創辦水產學校於集美。與廈門一水相望。漁業已望振興。即栽種畜牧之風聲。亦漸起矣。

第十八課

至廈門之商埠。地狹人衆。學校發達。已臻極盛。所賴有職業以養生者。士商之外唯工。是工亦當務之急也。然物品日進文明。農業未興。原料多由外輸入。除土石金木皮竹油漆之工而外。其餘工藝本屬寥寥無幾。兼之政府未提倡。社會少贊成。數年前曾多設織廠。然旋開旋閉至今存者十僅一二。是與染業同其失敗極矣。此其故、爲原料必由外來。而所出之貨。銷於在地甚少。出口則有關卡厘餉。種種刁難設有陶朱之善經營處此當亦束手無策也若望工藝欲振興。端賴政府之優待。與學校注重實用之手工

第十九課

而商務自軍興以來。凡錢庄、珠寶、洋郊、北郊、茶行、藥行、棉紗、疋頭、什貨、五穀、干味等途。皆形疲敝。市肆蕭條。入不供出揣厥原因一爲漳泉內地搶刼截途。交通不便二爲海關及雜捐。徵收太濫（海關爲我國負債、權操洋人、土貨出洋本難、兼之洋人所用牙爪、難免恃勢、勒索）三爲幣制複雜。不能流通兼之銀角眞僞難分。銅圓升降靡定。於此種種困難。雖設有商務

總會而會長洪鴻儒、蔡秋濤。非不欲爲竭力斡旋。然爲秩序未寧。軍餉缺乏。屈於時勢。究亦末如之何

第二十課

或曰。廈門此時之慘狀。非僅商人已也。自民國以來。風俗亦不古。若禮義廉恥。爲立國立家之要素。自平等自由之說興。（自由是照人道而行如火車之照行軌道不侵他人之道平等是法律統一如總統犯法與平民同無貴賤輕重之分因此四字誤會致禮義廉恥俱喪）三綱亡。而父子夫婦之禮衰矣。兄弟朋友之義疏矣。爭權爭利。甘受萬夫之怨詈而不恤。即是不知廉矣。不知恥矣。鄒魯雅化。（鄒孟子魯孔子左宗棠巡閩手批稱其俗美有書贈匾字於同安書院曰鄒魯遺風）蕩然無存。人心之暴戾。莫怪烟寮日增。賭場日盛。匪膽日張。盜風日熾

花街柳巷之間。父子不惜其聚麀。軍民亦樂於同夢。而且洋酒紙煙之相尚（紙烟若不禁吃其害與鴉片同）婚姻喪葬之奢華。丁此國家貧弱。內外交困之秋。通商口岸。教化如此凌夷。風俗如斯頹敗若不急爲挽迴。匪特爲外人所譏笑。恐終爲外人作殖民地矣。余曰。此無足怪。過渡時代。舊道德初廢。新道德未嫻。兼之上無道揆。下無法守。此中階級。本當經過也不經此階級。則數千年專制之淫威。政治之虐文、家庭之頑固。改革定非容易。

第二十一課

夫當此優勝劣敗。物類機器爭良之世界。求精藝學。即爲當今富強之利器。若僅守率由舊章。拘泥古訓。而不知兼精理化諸科學竊恐國土永作外人之市場。利權終難挽回之日今吾國之所謂學務改良。政治改良者。僅能講究外洋之皮毛。而未求精外洋之眞學理以致改設學校。更易官制。已屆廿年間有農業之發達。工業之振興乎。曰未也問有利器之新製造。必需品有新發明。人民有享國家之權利乎。亦曰未也。而所實行變新者。則以外洋之冠履衣服。與夫享用之奢華。似此國愈貧而愈弱其曷以當歐風美雨之相摧。東鄰蠶食鯨吞之交迫耶。故目今之救急。要圖根本上之維新。

第二十二課

我觀廈島。民德雖衰。而民智民氣已蒸蒸日上何以驗之。工商學皆立團體。凡有地方事。國家事。皆知爲政府後盾。而民治已萌芽矣。市政馬路之設。雖爲清潔衞生。交通利便計。實爲唱興泉永車路直達之先聲。爲將來振興工商業之基礎也。況陳嘉庚創辦大學已有年。此後人材挺生。無殊省會也。幷創同美車路亦告成。從此由同而造通安溪。則礦務得開。農業改良。原料免由外洋輸入。而我廈工商業廿年後可望與中江並駕而齊驅。

第二十三課

爲今之計。唯冀天心悔禍。俾南北軍閥派。發出良心。縣自治得以成立。而戶口之條目。實行調査。(一)籍姓名年歲能否識字任何職業有無煙癖有無職業十家互保有業產者註明數目互保者徇不通報之罰則）則凡地方利害。應興應除。無不明若觀火。易如反掌。有社會以促官廳之進行。則煙寮賭場自難開設矣。匪類盜賊。自無地容身矣。至若學校學費公開。學規自易整頓。教職員年功加俸。教授亦必增良。兼之推廣義務特別學校。以補中年之失學者（教授或半日或一二時或一二時在夜間或一二時在日間隨大之所）似此過數年。不論男女老幼。皆能識字。又過數年。與泉永、汀漳龍。車路得通。物產之饒。轉運便捷。工商業必因之而振。由是。全島人民皆有職業。皆是識字良民。斯時大學人材亦產出。雖曰彈丸一島。而文明氣象。可與省會京都相媲美。吾故曰廿年後廈門。可與上海並駕齊驅也。

附格言十一課

學問

古今來許多世家。無非積德。天地間第一人品。還是讀書。讀書即未成名。究竟人高品雅。修德不期獲報。自然夢穩心安。爲善最樂。讀書便佳。讀經傳。則根柢厚。讀史地。則議論偉。習科學。則技藝通。古之君子。病其無能也學之。今之君子。恥其無能也。諱之。然讀書貴能疑。有疑乃可以啓信。亦貴循序。有序乃克底於成。眼界要闊。徧歷名山大川。度量要宏。兼讀中外文字。志之所趨。無遠弗屆。窮山距海。不能限也。志之所嚮。無堅不入。銳兵精甲不能禦也。愛惜精神。留他日擔當宇宙。蹉跎歲月。問

何時建立功名

持躬

心術以光明篤實爲要。容貌以正大老成爲要。言語以簡重眞切爲要。勿吐無益身心之語。勿爲無益身心之事。勿展無益身心之書。此生不學。一可惜。此日閑過。二可惜。此身一敗。三可惜。想自己身心到後日置之何處。顧本來面目。在古時像箇甚人。（人之爲人有幾等總要爲不可少之人）擇友以求益。改過以全身。經一番挫折。長一番識見。容一番橫逆。增一番器度。護體面不如重廉恥。求醫藥不如講衛生。常思終天抱恨。自不得不盡孝心。常思度日艱難。自不得不節費用。富貴如薄舍。惟謹愼可得久居。貧賤如敝衣。能勤儉可以脫卸。

存養

無欲之謂聖。寡欲之謂賢。多欲之謂凡。徇欲之謂愚。人之心胸。多欲則窄。寡欲則寬。人之心境。多欲則忙。寡欲則閒。人之心術。多欲則險。寡欲則平。人之心事。多欲則憂。寡欲則樂。人之心氣。多欲則餒。寡欲則剛。世路風霜。吾人鍊心之境也。世情冷煖。吾人忍性之地也。世事顛倒。吾人自反之資也。（莫大之禍皆起於須臾不能忍不可不謹）青天白日的節義。自暗室屋漏中培成。旋轉乾坤的經綸。自臨深履薄處得力。故顏淵四勿。要收入來。制外即以養中。孟子四端。要擴充去。推近可以暨遠。

攝生

好運動。好清潔。愼飲食。愼風寒。是從吾身上卻病法。寡嗜慾。少思慮。戒憂愁。戒嗔怒。是從吾心上卻病法。薄滋味。以養胃氣。省言語。以養神氣。多讀書。以養膽氣。順時令。以養元氣。道生於安靜。命生於和暢。天地不可一日無和氣。人心不可一日無喜神。衰後罪孽。都是盛時作的。老來多病。都是壯年招的。敗德之事非一。而好賭者德最敗。傷生之事非一。而好色者生必傷。木有根則榮。根壞則枯。魚有水則活。水涸則死。燈有膏則明。膏盡則滅。人有眞精。保之則壽。戕之則殀。是乃萬物死生存亡自然之理也。

敦品

人以品爲重。若有一點卑汚之心。便非頂天立地漢子。品以行爲主。若有一件愧怍之事。即非泰山北斗品格。丈夫之高華。衹在於功名氣節。鄙夫之炫耀。但求諸服飾起居。君子之事上也。必忠以敬。其接下也。必謙以和。小人之事上也。必諂以媚。其待下也。必傲以忽。貧賤時、眼中不著富貴。他日得志必不驕。富貴時、意中不忘貧賤。一旦退休必不怨。貴人之前莫言賤。彼將謂我求其薦。富人之前莫言貧。彼將謂我求其憐。小人專望人恩恩過輒忘。君子不輕受人恩。受則必報。使人有面前之譽。曷若使人無背後之毀乎。

處事

處難處之事。愈宜寬。處難處之人。愈宜厚。處至急之事。愈宜緩。處至大之事。愈宜平。處疑難之際。愈宜無意。緩事宜急幹。敏則有功。急事宜緩辦。忙則多錯。謀人事如已事。而後慮之也審。謀已事如人事。而後見之也明。強不知以爲知。此乃大愚。本無事而生事。是謂薄福。救已敗之事者。如馭臨崖之馬。休輕策一鞭。圖垂成之功者。如挽上灘之舟。莫少停一棹。天下無不可化之人。但恐誠心未至。天下無不可爲之事。只怕立志不堅。以眞實肝膽待人。事雖未必成功。日後人必見我之肝膽。以詐僞心腸處事。人卽一時受惑。日後人必見我之心腸。

接物

遇事只一味鎭定從容。雖紛若亂絲。終當就緒。待人無半毫矯僞欺詐。縱狡如山鬼。亦自獻誠。人好剛。我以柔勝之。人用術。我以誠感之。人使氣。我以理屈之。愛人而人不愛。敬人而人不敬。君子必自反也。愛人而人即愛。敬人而人則敬。君子益加謹也。居視其所親。富視其所與。達視其所舉。窮視其所不爲。貧視其所不取。視此五者。即可以知人矣。人若近賢良。譬如紙一張。以紙包蘭麝。因香而得香。人若近邪友。譬如一枝柳。以柳貫魚鱉。因臭而得臭。攻人之惡毋太嚴。要思其堪受。教人以善毋過高。當使其可從。互鄉童子則進之。開其善也。闕黨童子則抑之。勉其學也：

居家

人一心先無欽持。爲能整理得一身正當：人一身先無規矩。爲能勸導得一家純良。勤儉治家之本。和順齊家之本。謹愼保家之本。詩書起家之本。孝弟傳家之本。天下無不是底父母。世間最難得者兄弟：以父母之心爲心。天下無不友之兄弟：以祖宗之心爲心。天下無不和之族人：以天地之心爲心。天下無不愛之民物：孝莫辭勞。轉眼便爲人父母：善毋望報。回頭但看爾兒孫：父母所欲爲者。我繼述之：父母所重念者。我親厚之：遇朋交遊之失。宜剴切。不宜游移：處家庭骨肉之變。宜委曲不宜激烈。未有和氣萃焉。而家不吉昌者。未有戾氣結焉。而家不衰敗者。

從政

人身之所重者元氣。國家之所重者人才。大智興邦。不過集衆思。大愚誤國。只爲好自用。治道之要在知人。官德之要在體仁。事上之要在致敬。御下之要在推誠。理財之要在節制。除寇之要在安民。陷一無辜。與操刀殺人者何別。釋一大憝。與縱虎傷人者無殊。無功而食。鼠雀是已。肆害而食。虎狼是已。一切人爲惡猶可言也。唯讀書人不可爲惡。讀書人爲惡。更無教化之人矣。一切人犯法猶可言也。唯做官人不可犯法。做官人犯法。更無禁治之人矣。在家者不知有官。自是守分。在官者不知有家方能盡分。居官廉。人以爲百姓受福。予以爲錫福於子孫者不淺也。曾有約已裕民者。後代不昌大耶。居官濁。人以爲百姓受害。予以爲貽害於子孫者不淺也。曾見有瘠衆肥家者。歷代得久長耶。

惠吉

有工夫讀書。謂之福。有力量濟人。謂之福。無是非到耳。謂之福。無疾病纏身。謂之福。無苦境擾心。謂之福。作德日休。爲善最樂。開卷有益。作善降祥。羣居守口。獨坐防心。知足常樂。能忍自安。善爲至寶。一生用之不盡。心作良田。百世耕之有餘。世事讓三分。天空地闊。心田培一點。子種孫收。非讀書不能入聖賢之域。非積善不能生聰慧之兒。造物所忌。曰刻曰巧。萬類相感。以誠以忠。做人無成心。便帶福氣。做事有結果。亦是壽徵。貯水可以邀萍。築臺可以邀月。藏書可以邀友。積德可以邀天。知足常足。終身不辱。知止常止。終身不恥。事事培元氣。其人必壽。念念存本心。其後必昌。

悖凶

富貴家不肯從寬。必遭橫禍。聰明人不肯學厚。必殀天年。倚勢欺人。勢盡而爲人欺。恃財侮人。財散而受人侮。天下無窮大好事。皆由於輕利之一念。利一輕。則事事悉屬天理。爲聖爲賢從此進基也。天下無窮不肖事。皆由於重利之一念。利一重。則念念皆違人心。爲盜爲蹠從此直入矣。貪利者害已。縱慾者戕生。魚吞餌。蛾撲火。未得而先喪其身。猩醉醴。蛟飽血。已得而隨亡其軀。（世之皇皇求利者大率類此）慾不除。似蛾撲燈。焚身難免。貪不止。如猩嗜酒。鞭血方休。明星朗月。何處不可翺翔。而飛蛾獨趨燈燄。嘉卉清泉。何物不可飲啄。而蠅蚋爭嗜腥羶。飛蛾死於明火。故有奇智者。必有奇殃。游魚死於芳綸。故有美嗜者。必有美毒。乃知吾人處世和平。卽夢寐神魂。無非生意。凶人作事乖戾。卽聲音笑貌。渾是殺機。

民國十三年八月出版

定價小洋乙角八折發售

著述者 陳秉璋

校定者 陳瑋 周殿薰 柯徵庸

發售處 鳳山學校 外淸華彩織廠

印刷者 倍文印書館 廈門五崎頂街 電話三百零七

同文書庫·廈門文獻系列

第一輯

壹　王步蟾　小蘭雪堂詩集

貳　張茂椿　翁吉人　固哉叟詩集　寄傲山房詩鈔

叁　蘇大山　紅蘭館詩鈔

肆　沈琇瑩　寄傲山館詞稿　壺天吟

伍　林爾嘉　林菽莊先生詩稿

陸　李禧　夢梅花館詩鈔

柒　余謇　寶瓠齋襍稿（外三種）

捌　蘇警予　謝雲聲　甲子雜詩合刊　菲島雜詩　海外集

玖　羅丹　稚華詩稿

拾　徐原白　同聲集

第二輯

壹　謝祐　賦月山房尺牘

貳　黄瀚　禾山詩鈔

叁　邱煒萲　揮麈拾遺

肆　林爾嘉　李禧　頑石山房筆記　紫燕金魚室筆記

伍　蘇逸雲　臥雲樓筆記

陸　陳延謙　劉鐵菴　止園詩集　鐵菴詩存

柒　陳桂琛　陳丹初先生遺稿（外一種）

捌　賀仲禹　繡鐵盦叢集　繡鐵盦聯話

玖　蘇警予　二菴手札

拾　虞愚　虛白樓詩

同文書庫・厦門文獻系列

第三輯

壹 胡鉉 椽筆樓初集

貳 吳錫璜 吳瑞甫家書（外一種）

叁 邱煒萲 菽園贅談

肆 蘇逸雲 臥雲樓雜著

伍 蘇警予 曠劫集

陸 黃伯遠 莊克昌 紅葉草堂筆記 感舊錄

柒 葉長青 松柏長青館詩

捌 海天吟社 鷺江梅社 海天吟社詩存 鷺江乙組梅社吟草

玖 林爾嘉 菽莊叢刻（外二種）

拾 陳桂琛 近代七言絕句初續集

第四輯

壹 吳葆年 吳兆荃 繪秋樓詩鈔 小梅詩存

貳 呂澂 介石山房詩稿（外一種）

叁 邱煒萲 嘯虹生詩鈔

肆 李維修 寸寸集（外一種）

伍 沈覲格 拙廬談虎集

陸 江煦 草堂別集 圭海集

柒 謝雲聲 靈簫閣謎話初集

捌 曾兆鼇 玉屏書院課藝

玖 林爾嘉 菽莊小蘭亭徵文錄 鷺江泛月賦選

拾 江煦 鷺江名勝詩鈔

同文書庫・廈門文獻系列

第五輯

壹　黃家鼎　馬巷集

貳　邱煒萲　五百石洞天揮麈（上冊）

　　邱煒萲　五百石洞天揮麈（下冊）

叁　李烺焜　懷谿樓詩稿（外一種）

肆　楊紹丞　壬申重陽集　虎溪踏青集

伍　蘇玉如　劫後餘吟

陸　陳佩真　蘇警予　謝雲聲　廈門指南

柒　茅樂楠　新興的廈門（外一種）

捌　吳雅純　廈門大觀

玖　陳世鎔　陳化成抗英事略